3백 년을 이어온 최고의 명가
경주 최 부잣집 이야기

3백 년을 이어온 최고의 명가
경주 최 부잣집 이야기

| 초판 1쇄 인쇄일 | 2010년 7월 15일   초판 1쇄 발행일 | 2010년 7월 20일
초판 13쇄 인쇄일 | 2018년 3월 30일   초판 13쇄 발행일 | 2018년 4월 06일

지은이 | 심현정
그린이 | 송수연
펴낸이 | 강창용
책임기획 | 이윤희
디자인 | 가혜순
책임영업 | 최대현

펴낸곳 | 느낌이있는책
출판등록 | 1998년 5월 16일 제10-1588
주 소 | 경기도 고양시 일산동구 중앙로 1233(현대타운빌) 1210호
전 화 | (代)031-932-7474
팩 스 | 031-932-5962
이메일 | feelbooks@naver.com
포스트 | http://post.naver.com/feelbooksplus
페이스북 | https://www.facebook.com/feelbooksss

ISBN 978-89-92729-61-1 73810

* 책값은 뒤표지에 있습니다.
* 잘못된 책은 구입처에서 교환해 드립니다.
* 이 책은 저작권법에 따라 보호받는 저작물이므로 무단 전재와 무단 복제를 금하며,
  이 책 내용의 전부 또는 일부를 사용하려면 반드시 저작권자와 느낌이있는책의 동의를
  받아야 합니다.

3백 년을 이어온 최고의 명가

경주 최부잣집 이야기

심현정 글 ● 송수연 그림

느낌이 있는 책

머리말

　어느 일요일 오후였습니다. 텔레비전을 보던 딸아이가 말했습니다.
　"엄마! 저 번호로 전화해서 친구들 좀 도와주세요!"
　무슨 소린가 싶어 텔레비전을 보니 장난감 하나 가져보는 것이 소원이라는 아프리카 어린이 돕기 광고가 나오고 있었습니다. 어려운 이웃을 생각하는 딸아이의 마음이 예뻐서 수화기를 들다가 이렇게 말했습니다.
　"네 용돈으로 도와주는 건 어떠니? 어제 할머니한테서 받은 용돈 있잖아."
　뜻밖의 말에 아이는 잠깐 놀라는 표정을 지었습니다. 이제껏 엄마의 돈으로 뭐든 해오던 터라 갑자기 자신의 돈을 쓰자는 말이 이상했던 모양이었습니다. 싫으냐고 물었더니 고개를 도리질하더니 작은 목소리로 물었습니다.

"1만 원 다요?"

"한 통화에 2천 원이니까 일단 2천 원만 해보면 어떨까?"

딸아이는 재빨리 셈을 해보더니 "우와, 그래도 8천 원이나 남네!" 하며 활짝 웃으면서 친구들이 어떤 장난감을 갖게 될까 궁금해하는 것이었습니다. 그 모습을 보고 있자니 그런 기쁨을 이제야 알게 해준 것이 왠지 미안해졌습니다.

요즘 아이들은 참으로 풍족하게 살고 있습니다. 먹을 것도, 가지고 놀 것도, 입을 것도 많습니다. 하지만 그것을 진심으로 감사하기보다는 당연히 여깁니다. 아이들은 부모를 화수분처럼 생각합니다. 게다가 내게는 더 이상 필요 없는 물건도 남과 나누기를 아까워합니다. 도대체 무엇이 잘못된 것일까요?

  생각해보면 그 해답은 아주 간단한 데서 찾을 수 있습니다. 아이들에게 나눔의 기쁨을 가르쳐주지 않았기 때문입니다. 물론 당장은 내 것을 내놓는 일이 쉽지 않을지도 모릅니다. 그러나 함께 돕고 나누는 기쁨을 알게 되면 금세 그 행복에 중독될 것입니다.

  여기 무려 3백 년이 넘는 시간 동안 어려운 이웃을 위해 곳간 문을 활짝 열었던, 그리고 그 때문에 행복했던 경주 최 부잣집 이야기가 있습니다. 이 이야기를 읽는 동안 아이들뿐만 아니라 어른들도 진정한 부자의 의미에 대해 생각해볼 수 있기를 바랍니다. 그리고 백 년이 아니라 수천 년, 수만 년을 이어갈 행복한 부자가 세상 가득 차기를 기원해봅니다.

2010년 봄
심현정

최 부잣집 유래와 소개

　1700년경에 건립된 경주 교동에 있는 최 부잣집의 고택(古宅)은 문간채, 사랑채, 안채, 별당, 사당, 곳간으로 구성되어 있다. 이 중 사랑채와 별당은 1970년에 불에 타 현재는 주춧돌만 남아 있다. 안채는 'ㅁ'자 모양으로 바깥에서 여자들이 지내는 모습을 잘 볼 수 없는 구조로 되어 있다.

　최 부잣집이 경주시 내남면 이조리에서 교동으로 이사해 정착한 것은 조선 중기 무렵인데, 이때부터 12대 동안 만석 지기 재산을 지켰다.

최 부잣집 고택 정문
만석꾼답지 않은 소박함이 돋보인다.

최 부잣집 'ㅁ'자 안채
마당 한가운데 정갈한 장독대가 있다.

정면에서 본 최 부잣집 안채

최 부잣집 유래와 소개

최 부잣집 곳간
이곳에 곡식을 모아두었다가 굶주린 사람들에게 나누어주었다.

곳간 내부

최 부잣집의 넓은 마당

최 부잣집 내부 모습
주인의 마음을 닮은 듯 화려하지 않고 정갈하다.

차례

머리말 … 4
최 부잣집 유래와 소개 … 8

할아버지의 선물 … 15

01 흉년이면 어김없이 열리는 곳간 문 … 21
02 지혜롭게 왜군에 맞선 최진립 … 31
03 나라를 위해 목숨 바친 최진립 … 46
04 진사 이상의 벼슬은 하지 마라 … 54
05 수확물을 소작인들과 공평히 나누어라 … 61
06 최 부잣집의 기초를 만든 최국선 … 73
07 내 것을 아껴 가난한 이들을 도와라 … 83
08 사방 1백 리 안에 굶어 죽는 사람이 없게 해라 … 90
09 빚진 자들에게 희망을 선물해라 … 99
10 하늘이 내린 부자 최의기 … 115

11 재산은 1만 석 이상 모으지 마라 … **128**

12 향교보다 다섯 자 낮게 집을 지어라 … **139**

13 나그네를 후하게 대접해라 … **157**

14 마을 사람들이 지킨 최 부잣집 … **162**

15 신학문을 향한 최준의 열정 … **174**

16 나라의 독립을 위해 내 것을 아끼지 마라 … **184**

17 무시무시한 고문을 참아낸 최준 … **195**

18 빚을 떠안은 최 부잣집 … **203**

19 마지막으로 자신의 뜻을 펼치다 … **211**

물건이 아니라 마음이 중요해 … **220**

할아버지의 선물

즐거운 일요일 아침입니다. 민주는 일요일을 가장 좋아합니다. 늦잠을 잘 수 있기 때문이지요. 그런데 오늘만큼은 마음대로 잠을 잘 수가 없습니다. 민주의 방에 들어온 엄마가 비닐봉지를 계속 부스럭거렸기 때문입니다.

"시끄러워요! 더 자고 싶다고요!"

민주는 짜증스럽게 소리쳤습니다. 하지만 엄마는 방에서 나갈 생각이 없나 봅니다.

"이제 일어나서 밥 먹어!"

"밥 안 먹어도 돼요! 그냥 나가세요!"

민주는 이불을 확 뒤집어쓰고 꽥 소리를 질렀습니다. 그래도 엄마는 꿈쩍도 하지 않습니다. 민주는 갑자기 이상한 생각이 들었습니다.

'엄마가 내 방에서 뭐 하는 거지? 저렇게 커다란 비닐봉지까지 들고 말이야.'

민주는 이불 밖으로 두 눈만 빠끔히 내밀었습니다. 그러다 비닐 속에 들어간 것이 무엇인지 알아챈 순간 이불을 박차고 벌떡 일어났습니다.

"엄마! 그건 내가 가장 아끼는 옷이잖아요!"

"이건 네가 여섯 살 때 입었던 옷이잖아. 초등학생인 네 몸에 맞지도 않고."

"그래서 어떻게 하려고요?"

"이렇게 깨끗하게 입은 옷은 모아서 동생들 가져다줄 거야."

"흥! 누구 맘대로!"

민주는 비닐봉지를 꽉 붙들고 놓지 않았습니다.

"그럼 옷장이 넘칠 때까지 이 옷들을 가지고 있을 거니? 다른 동생들이 너처럼 예쁘게 이 옷을 입으면 좋잖아."

"아무튼 싫어요! 누군지도 모르는 애들한테 내 거 주기 싫다고요!"

엄마와 민주는 양쪽에서 비닐봉지를 잡고 자기 쪽으로 끌어당기기 시작했습니다. 너무 세게 잡아당긴 탓인지 비닐봉지는 쭉 찢어져버렸습니다.

"엄마는 네가 이 정도까지 욕심꾸러기인 줄은 정말 몰랐다."

화가 난 엄마는 밖으로 나가버렸습니다. 하지만 민주는 제 옷을 다시 옷장 안에 집어넣느라 바빴습니다. 그런데 옷장을 열고 보니 엄마 말대로 옷이 너무나 많았습니다. 그중에는 작아서 못 입는 옷들도 있었습니다. 하지만 민주는 애써 모른 척하며 옷장 문을 닫았습니다.

"다 내 거야. 아무에게도 안 줄 거야."

그날 저녁이었습니다. 지방에 사시는 할아버지가 오랜만에 민주네 집에 오셨습니다. 어른들은 한자리에 모여 차를 마시며 이야기를 나누었습니다. 엄마는 할아버지에게 무언가 중요한 이야기를 하는 것 같았습니다.

잠시 후 바깥에 나갔다 오신 할아버지가 민주를 불렀습니다.

"민주야, 할아버지가 선물 하나 줄까?"

"정말요? 뭔데요?"

만화책을 보던 민주가 눈을 반짝반짝 빛내며 물었습니다. 할아버지는 작은 동화책 한 권을 민주에게 내밀었습니다.

"이건 책이잖아요?"

민주가 실망한 표정으로 말했습니다.

"할아버지가 네 나이만 할 때 들은 이야기란다. 할아버지의 아버지가 들려주셨지."

"우와! 정말 오래된 이야기네요? 근데 재미있어요?"

"그럼! 만약 이 책을 다 읽고 재미없다고 느낀다면 네 소원을 하나 들어주마."

"진짜요?"

그제야 민주는 할아버지 앞으로 쪼르르 달려가 책을 받았습니다.

"경주 최 부잣집 이야기?"

민주는 책을 받아 들고 자기 방으로 갔습니다. 그리고 책상 앞에 앉아 조심스럽게 책장을 펼쳤습니다.

"이 이야기의 시작은 3백 년 전으로 거슬러 올라갑니다……."

01
흉년이면 어김없이 열리는 곳간 문

뜨거운 태양이 쨍쨍 내리쬐는 어느 여름날이었습니다. 가만히 서 있기만 해도 등줄기에 땀이 줄줄 흘러내릴 만큼 더워서 길 가는 사람 한 명 구경하기조차 힘들 정도였습니다. 그때 저 멀리 논길 사이로 한 나그네가 걸어오고 있었습니다. 나그네는 비 오듯 쏟아지는 땀을 계속 닦아내며 발걸음을 재촉했습니다. 하지만 너무 지친 나머지 마음대로 몸이 움직이지 않았습니다.

"며칠째 제대로 된 식사를 하지 못했더니 몸이 말을 듣지 않는구나. 게다가 날씨까지 이렇게 푹푹 찌니 언제나 집에 도착할 수 있을까."

나그네는 어깨를 축 늘어뜨린 채 한숨을 푹 내쉬었습니다. 주위를 둘러보니 논바닥은 쩍쩍 갈라져 있고, 벼 포기들은 바싹 마른 채로 힘없이 쓰러져 있었습니다.

"벌써 몇 년째 흉년이 이어지고 있다. 하늘도 무심하시지. 이러다가 조선 사람 모두 굶어 죽게 생겼구나."

그는 힘겹게 발걸음을 옮겨 마을 어귀에 도착했습니다.

"이 마을에도 굶주린 사람 천지겠구나. 그냥 물이나 얻어 마시고 가야겠다."

나그네는 물로 배를 채울 생각으로 터덜터덜 우물가로 향했습니다. 그런데 그곳에는 나그네보다 먼저 와서 물을 긷고 있는 아낙네가 있었습니다.

"미안하지만 물 한 모금 마실 수 있겠습니까?"

나그네가 묻자 아낙네가 표주박에 시원한 물을 떠서 내밀었습니다. 표주박을 받아 든 나그네는 숨도 쉬지 않고 벌컥벌컥 물을 들이켰습니다.

"시장하신 모양입니다."

"허허, 요즘 세상에 배를 채우고 사는 사람이 몇이나 되겠습니까. 이 물이라도 시원스레 마실 수 있으니 그나마 다행이지요."

아낙네는 안쓰러운 표정으로 나그네를 쳐다보았습니다. 그리고 나그네가 내민 표주박을 받아 들더니 이렇게 말했습니다.

"어서 최 부잣집으로 가 보십시오. 거기로 가면 식사를 할 수 있을 겁니다."

"하지만 나는 돈이 없습니다."

"최 부잣집 마님은 돈을 받지 않습니다. 배고픈 사람은 누구라도 가서 먹을 수 있으니 걱정하지 마십시오."

"그런 말도 안 되는 일이 어디 있답니까? 누가 제 먹기도 모자란 곡식을 나 같은 나그네에게 내어준단 말입니까?"

나그네는 아낙네가 자기를 놀린다는 생각이 들어 슬그머니 기분이 나빠졌습니다. 그러자 나그네의 표정이 굳어지는 것을 본 아낙네가 살짝 미소를 지으며 말했습니다.

"밑져봐야 본전이니 제 말대로 해보십시오. 이 길을 따라 쭉 가다 보면 대문이 큰 집이 나옵니다. 그 집이 바로 최 부잣집입니다."

아낙네는 곧바로 물통을 이고 집으로 향했습니다. 나그네는 설마 하는 얼굴로 아낙네가 가리킨 방향을 쳐다보았습니다.

잠시 후 나그네는 커다란 대문 앞에 다다랐습니다.

'괜히 아낙의 말만 믿고 들어갔다가 창피만 당하고 쫓겨나는 건 아닌지 모르겠다.'

속으로 이런 생각을 하면서도 나그네는 슬쩍 대문 안을 들여다보았습니다. 그런데 정말 마당 한가운데 사람들이 길게 줄을 서 있는 것이었습니다.

바로 그때 누군가가 대문 밖으로 나오는 인기척이 났습니다. 나그네는 흠칫 놀라 자기도 모르게 한 발짝 뒤로 물러섰습니다. 대문 밖으로 모습을 드러낸 사람은 어린아이의 손을 잡은 할아버지였습니다. 나그네는 용기를 내서 물었습니다.

"어르신, 이 집에서 공짜로 식사를 할 수 있다고 들었습니다. 그게 사실입니까?"

"사실이고말고! 어디 그뿐인 줄 아시오? 이렇게 곡식까지 챙겨주셨다오. 정말이지 최 부잣집이 아니었다면 이 마을 사람 절반은 굶어 죽었을 거요."

이마에 주름살이 가득한 할아버지는 최 부잣집 대문을 향해 몇 번이고 고개를 조아리며 감사 인사를 했습니다. 그러자 할아버지의 손을 꼭 쥔 아이도 덩달아 머리를 숙였습니다.

나그네는 조심스럽게 대문 안으로 들어갔습니다. 널따란 마당 한가운데에는 커다란 무쇠 솥 여러 개가 장작불 위에서 벌겋게 달궈지고 있었습니다. 그 옆에는 수십 명이 넘는 하인이 기다란 주걱으로 죽을 쑤느라 땀을 뻘뻘 흘리고 있었습니다. 마당 한구석에서는 하인들이 곡식을 씻느라 바빴습니다. 또 곳간 앞에서는 자루에 곡식을 나누어 담느라 정신이 없었습니다.

"이쪽으로 줄을 서십시오."

뜻밖의 광경에 정신을 빼앗긴 채 멍하니 서 있던 나그네는 그 소리에 깜짝 놀라 뒤를 돌아보았습니다. 그러자 풍채가 좋고 나이가 지긋한 남자가 미소를 지으며 나그네를 쳐다보고 있는 것이었습니다.

"시장하실 텐데 이쪽에서 죽을 받아 가십시오."

나그네는 어안이 벙벙했지만 남자가 이끄는 대로 줄을 섰습니다. 그런데 이상한 일이 벌어졌습니다. 나그네 앞에 줄을 서 있던 사람들이 남자를 향해 고개를 조아리며 인사를 하는 것이었습니다.

"대체 저 사람이 누군데 모두 인사를 하는 것이오?"

나그네가 제 앞에 선 사내에게 물었습니다. 그러자 사내가 깜짝 놀라며 말했습니다.

"아니, 그 유명한 최 부잣집 마님을 모른단 말이오?"

"세상천지에 최 부잣집만큼 인심 좋은 곳은 없을 거요."

사람들은 입에 침이 마르도록 칭찬을 늘어놓았습니다.

　잠시 후 나그네는 죽을 받아 들고 마당에 깔린 멍석 위에 앉아 죽을 먹기 시작했습니다. 며칠 만에 제대로 된 음식이 들어가자 온몸

에서 힘이 불끈 솟아나는 것 같았습니다. 푹푹 찌는 무더운 날씨였지만 뜨거운 죽을 먹는 일은 말로 표현할 수 없을 만큼 즐거웠습니다. 나그네는 금세 죽 한 그릇을 뚝딱 먹어 치우고 만족스런 표정으로 주위를 둘러보았습니다.

"할머니, 이 죽 드시고 어서 기운 내세요."

"착한 내 손녀, 내 걱정은 말고 너나 많이 먹어라."

차림이 초라한 그들 앞에 놓인 것은 죽 한 그릇뿐이었습니다. 하지만 어린 손녀와 할머니의 대화는 정겹기 그지없었습니다. 그 모습을 보는 나그네의 입가에는 절로 미소가 떠올랐습니다.

자리에서 일어선 나그네는 최 부잣집을 휘 둘러보았습니다.

"이렇게 어진 사람이 있으니 이 마을은 복 받은 곳이로구나."

그때였습니다. 하인 한 명이 다가오더니 나그네의 손에 자루 하나를 쥐여주었습니다. 깜짝 놀란 나그네가 물었습니다.

"이것이 무엇인가?"

"하루치 식량은 될 겁니다. 가시는 길에 끼니라도 때우십시오."

순간 나그네는 눈물이 핑 돌았습니다.

"이곳의 주인은 진정 하늘이 내린 부자가 틀림없소."

나그네의 말에 하인이 활짝 웃으며 답했습니다.

"그럼요! 어려울 때 남을 도울 줄 아는 부자가 몇이나 되겠습니까?"

하인은 온몸이 땀으로 흠뻑 젖어 있었습니다. 하지만 그의 얼굴에는 자랑스러움이 가득했습니다.

"대체 최 부잣집은 언제부터 자신의 재산을 풀어 백성을 도왔소? 그 조상들이 어떤 사람들이었기에 이처럼 훌륭한 후손이 있단 말이오?"

궁금증을 참지 못한 나그네는 하인에게 질문을 퍼부었습니다. 그러자 하인이 손사래를 치며 말했습니다.

"저는 지금 곳간에서 곡식을 더 꺼내와야 합니다. 그런 이야기일랑 저 노인에게 들으십시오. 이 동네에서 가장 오래 사신 분입니다."

하인이 가리키는 곳에는 머리가 하얗게 센 할아버지 한 분이 멍석 위에 앉아 담뱃대를 물고 있었습니다. 할아버지는 나그네를 보고 웃으며 말했습니다.

"이리 와서 앉게. 내가 최 부잣집 이야기를 모두 해줌세."

나그네는 할아버지 앞에 앉아 귀를 쫑긋 세웠습니다. 곡식 자루를

멘 채 집으로 돌아가려던 마을 사람 몇몇도 할아버지 주위에 둘러서서 이야기가 시작되기를 기다렸습니다.

"최 부잣집을 처음 일으켜 세운 분은 정무공 최진립 마님이셨네. 때는 1568년으로……."

02
지혜롭게 왜군에 맞선 최진립

　정무공 최진립은 1568년에 경주부 현곡촌 구미동에서 태어났습니다. 그는 세 살 때 어머니를 잃는 슬픔을 겪었습니다. 사람들은 너무나 어린 나이에 어머니를 잃은 최진립을 불쌍히 생각했습니다.
　"저렇게 어린아이가 엄마에게 마음껏 어리광도 부리지 못하다니! 너무나 마음이 아프구나!"
　불행히도 어린 진립의 슬픔은 거기에서 끝나지 않았습니다. 열 살이 되던 해에 아버지마저 돌아가신 것입니다. 그런데 아버지가 돌아가신 뒤 최진립은 마음속으로 굳게 다짐한 바가 있었습니다.
　'부모에게 배우지 못해 예의가 없다는 말을 절대 들어서는 안 된

다. 그것은 돌아가신 내 부모의 얼굴에 먹칠을 하는 일이다.'

그래서 길을 가다 마을의 어른을 만날 때면 허리를 굽혀 공손하게 인사했습니다. 또 누구에게나 예의 바르고 겸손한 태도로 말하는 버릇을 들였습니다.

"진립은 아주 예의가 바르고 의젓한 아이입니다. 남들보다 먼저 불행한 일을 겪었기 때문인지 어른이 되어 버린 것 같습니다."

"제 아버지의 장례와 제례를 예문에 따라 치를 정도니 정말 대단하지요."

비록 어린 나이지만 최진립을 본 사람이라면 누구나 그의 행동에 감탄하지 않을 수 없었습니다.

때때로 그는 얼굴도 잘 기억나지 않는 어머니와 자상했던 아버지가 떠올라 눈물이 핑 돌기도 했습니다. 아직은 부모의 손길이 필요한 나이였기 때문입니다. 하지만 그때마다 최진립은 슬픔을 꾹 참았습니다.

'내가 울면 돌아가신 부모님이 저승에서 마음 아파하실 거야.'

이처럼 최진립은 어린 나이였음에도 불구하고 매우 속이 깊은 아이였습니다. 그의 이런 성격은 어른이 되어서까지도 변치 않았습니다.

　　1592년, 우리나라에 임진왜란이라는 엄청난 사건이 터졌습니다. 일본의 도요토미 히데요시가 바다 건너 조선을 침공하라고 명령한 것입니다. 무려 20만 명이 넘는 막대한 병력이 우리나라로 몰려들었습니다. 그중에서 가토 기요마사가 이끄는 왜군은 부산포에 상륙한 뒤 경주를 향해 올라오고 있었습니다.

"큰일 났습니다! 왜군들이 개미 떼처럼 새까맣게 몰려오고 있습니다!"

하인 기별이가 최진립의 방 안으로 달려들며 소리쳤습니다. 허겁지겁 달려온 기별이는 가쁜 숨을 쌕쌕 몰아쉬며 이마에 흐르는 땀을 닦았습니다.

"큰소리 내지 말거라. 식구들이 불안해하겠구나."

최진립은 기별이를 보고 침착하게 말했습니다.

"벌써 경주까지 도착했단 말이지?"

"예, 소문에 따르면 왜군의 수가 2만 명이 넘는다고 합니다."

"마을 사람들은 어떻게 하고 있느냐?"

"다들 불안에 떨면서 어찌할 바를 모르고 있습니다. 그리고 짐을 싸서 북쪽으로 피난 가려는 사람들 때문에 마을이 난리통입니다."

최진립은 속으로는 당황했지만 겉으로는 애써 태연한 척 했습니다.

"어서 가서 가족들과 하인들을 모두 마당으로 불러 모아라."

"네! 알겠습니다!"

기별이가 방에서 나가자 최진립은 길게 한숨을 내쉬었습니다.

'그동안 왜군이 우리나라를 침략했다는 소식은 들어왔다. 하지만 이렇게 쉽게 내륙까지 쳐들어올 줄은 꿈에도 몰랐다. 나라의 일은 곧 내 가족의 일이요, 내 가족의 일은 바로 나의 일이다! 감히 왜군 따위가 우리나라를 짓밟게 놔둘 수는 없다!'

최진립은 무언가 굳게 결심한 듯 어금니를 꽉 깨물고 자리에서 벌떡 일어났습니다.

최진립이 마당으로 나가자 가족과 하인들이 모두 모여 웅성거리고 있었습니다. 그들은 모두 불안한 표정으로 벌벌 떨고 있었습니다.

"다들 왜군이 쳐들어왔다는 소식은 들었을 것이다. 여기까지 밀고 올라오는 것을 보면 그 기세가 심상치 않다. 특히나 우리 이조리 마을은 한양으로 올라가는 길목이라 왜군을 상대하지 않을 수가 없다."

"우리도 빨리 짐을 싸서 피난을 가야 하는 것 아닙니까?"

하인 한 명이 잔뜩 겁먹은 표정으로 발을 동동 구르며 말했습니다.

"우리까지 모두 도망친다면 대체 누가 내 가족과 집, 그리고 고향

마을을 지켜준단 말인가!"

 최진립은 두 눈을 부릅뜨고 큰소리로 외쳤습니다. 하지만 그것은 하인을 꾸짖기 위함이 아니었습니다. 모두 정신을 바짝 차리고 왜군에 맞서보자는 뜻이었습니다.

 "내게 다 생각이 있다. 나를 믿고 따라주기만 한다면 좋은 결과가 있을 것이니 너무 걱정하지 말거라."

 최진립의 당당한 태도와 자신 있는 목소리에 사람들의 마음이 움직이기 시작했습니다.

 "그래! 내 집을 버리고 어디로 간단 말이야? 마님이 하자는 대로 해보자고!"

 "맞아! 평소에 병서를 많이 읽으셨기 때문에 가만히 앉아서 당하지는 않으실 거야!"

 그날 저녁이었습니다. 수백 명의 왜군이 이조리로 구름 떼처럼 몰려왔습니다. 그들은 마을 곳곳을 돌아다니며 닥치는 대로 불을 질렀습니다.

 "값비싸고 좋은 물건은 모두 빼앗아라!"

"나머지 집들은 모조리 태워서 없애버려라!"

왜군들은 마치 제 세상이라도 만난 것처럼 고래고래 소리를 지르며 온 마을을 쑥대밭으로 만들었습니다. 미처 피난을 가지 못하고 집 안에 숨어 있던 사람들은 왜군들에게 잡혀 매를 맞거나 죽임을 당하기도 했습니다.

"이 마을에서 가장 큰 집이 어디냐? 오늘 밤에는 그곳에 진을 치고 쉬어야겠다."

왜군 장수가 묻자 포로로 붙잡힌 마을 사람 한 명이 개미만 한 목소리로 말했습니다.

"최진립 마님 댁이 이조리에서 가장 큽니다."

"그래? 그렇다면 네놈이 앞장서라!"

왜군들은 마을 사람의 뒤를 따라 최진립의 집으로 향했습니다.

집 앞에 도착하자 왜군 정찰병 두 명이 대문 안으로 들어갔습니다. 집 안 상황을 살펴보기 위해서였습니다.

"장군! 집 안에 아무도 없습니다."

"하하하! 우리가 온다는 소식을 듣고 모두 도망친 모양이로군. 겁쟁이들 같으니라고!"

그런데 왜군들이 집 안으로 들어서서 보니 마당 한가운데 무거운 땔감이 잔뜩 쌓여 있었습니다.

"우하하! 밥 해 먹기 좋으라고 땔감까지 쌓아놓고 도망갔구나!"

왜군 대장은 큰소리로 웃으며 소리쳤습니다.

"모두 배가 고플 테니 서둘러 밥을 지어라!"

왜군들은 곳간 문을 열고 쌀가마니를 뜯어 밥을 짓고, 부엌 여기저기를 뒤져 먹을 만한 것들을 모조리 꺼냈습니다. 또 뒤뜰에 돌아다니던 닭도 잡았습니다. 이렇게 해서 최진립의 집으로 몰려든 1백여 명의 왜군은 배가 터져라 밥을 먹고 아무데나 드러누웠습니다.

"내일은 또다시 북쪽으로 진격해야 한다. 그러니 오늘밤은 모두 푹 쉬어라!"

왜군 대장의 명령에 따라 보초를 설 몇몇 병사만 빼고 나머지 왜군들은 깊은 잠에 빠져들었습니다. 그런데 왜군 보초들에게도 금세 식곤증이 몰려왔습니다. 그들은 눈꺼풀이 천근만근이라 도저히 눈을 뜨고 있을 수가 없었습니다. 좌우로 고개를 젓고 두 눈을 쓱쓱 비벼 봐도 소용없었습니다. 결국 쏟아지는 잠을 참지 못한 왜군 병사들은 자신들도 모르게 스르르 눈을 감고 말았습니다.

바로 그때였습니다. 어두운 덤불 속에서 시퍼런 불이 번득이는 것이었습니다. 그것은 바로 이제나저제나 때를 기다리며 집 안의 상황을 살펴보던 최진립의 빛나는 두 눈이었습니다.

'드디어 때가 되었다! 보초까지 잠들었으니 더는 기다릴 필요가 없다.'

최진립은 살금살금 덤불 밖으로 빠져나왔습니다. 그리고 시커먼 어둠 속에 잠긴 산 쪽을 향해 횃불을 흔들었습니다.

"신호다!"

산속에서 최진립이 흔드는 횃불을 본 하인들이 나지막한 목소리로 말했습니다. 그들은 모두 커다란 황소도 맨손으로 때려잡을 정도로 몸이 건장했습니다. 하지만 빠른 속도로 움직여도 발소리도 내지

않을 만큼 몸놀림은 재빠르고 가벼웠습니다. 금세 산에서 내려온 하인들은 최진립의 옆에 빙 둘러섰습니다.
"마님, 명령만 내리십시오. 준비는 끝났습니다."
최진립은 하인들을 쭉 둘러본 뒤 최대한 목소리를 낮춰 말했습니다.
"계속해서 바람이 많이 불고 있다. 하늘이 도우신 게 분명하다."
최진립의 말을 들은 하인들의 얼굴이 금세 환해졌습니다.
"두 명씩 짝을 지어 각자 맡은 장소로 이동해라. 서둘러라!"
최진립의 명령이 떨어지자마자 하인들은 미리 정해두었던 장소로 재빨리 이동했습니다.
잠시 후 최진립의 집에서 시뻘건 불길이 솟구치기 시작했습니다.
"불이야! 불이야!"

갑작스런 불길에 놀라 잠에서 깬 왜군들이 어찌할 바를 모르고 우왕좌왕했습니다.

"어서 집 밖으로 피해라!"

당황한 왜군 대장은 목구멍이 찢어져라 소리쳤습니다.

"사방에서 불길이 치솟고 있습니다. 게다가 바람이 강하게 불어서 도망칠 구멍을 도저히 찾을 수 없습니다!"

그때 이리저리 탈출구를 찾던 왜군 대장은 마당 한가운데서 활활 타오르는 땔감 더미를 발견했습니다. 그 순간 왜군 대장은 머리를 세게 얻어맞은 것 같은 기분이었습니다. 그래서 자기도 모르게 그 자리에 털썩 주저앉고 말았습니다.

"속았구나!"

그렇습니다. 처음에 집을 비울 때부터 최진립이 이 모든 일을 계획한 것이었습니다.

'오늘은 바람이 강하게 부니 불로 대응하면 적들을 물리칠 수 있을 것이다.'

다행히 그날은 밤까지 바람이 불었습니다. 덕분에 최진립의 계획은 성공할 수 있었습니다. 최진립의 명령에 따라 하인들이 나무에 불을 붙이자마자 불꽃이 거세게 일기 시작했던 것입니다. 또 불길은 강한 바람을 타고 사방으로 금세 퍼져나갔습니다.

타오르는 불길을 헤치고 겨우 집 밖으로 빠져나온 왜군 몇 명이 있었습니다. 하지만 그들은 하인들이 쏜 화살에 맞거나 창에 찔려 죽었습니다. 그 와중에 손으로 셀 정도로 적은 수의 병사들만이 황급히 몸을 피해 도망쳤습니다.

"만세! 왜군들을 물리쳤다!"

정신없이 꽁무니를 빼는 왜군들을 바라보며 하인들이 소리쳤습니다. 그때까지 산에 숨어 있던 사람들도 환호성을 지르며 집으로 돌아왔습니다. 그리고 사람들이 모두 힘을 합해 분주히 움직인 덕분에 불은 쉽게 끌 수 있었습니다.

"너희 모두 수고했다. 지혜롭게 힘을 합한 덕분에 적을 물리칠 수 있었다."

최진립은 자신의 주위로 빙 둘러선 사람들을 바라보며 흐뭇한 미소를 지었습니다.

"마님, 이 무기들은 어떻게 할까요?"

하인들이 집 안 곳곳에 널려 있던 무기들을 한자리에 모아놓고 물었습니다. 창과 칼, 그리고 조총까지 죽은 왜군들이 갖고 있던 무기는 생각보다 많았습니다.

"이것은 한 개인이 가질 만한 물건이 아니다. 내일 날이 밝는 대로 관아에 가져다줘야겠다."

다음 날 최진립은 무기들을 모두 거두어 관아에 바쳤습니다.

"지혜롭게 바람을 이용해 왜군을 물리쳤다는 소식은 들었소. 그런데 왜군의 무기까지 이렇게 모아 오다니! 공은 정말 충성심이 대단한 사람이오."

원님은 최진립의 용기와 충성심에 감동을 받았습니다. 원님뿐만 아니라 이조리 사람 모두가 최진립을 자랑스러워하고 존경해 그의 공은 널리 퍼져나갔습니다.

하지만 기쁨도 잠시였습니다. 얼마 지나지 않아 더 많은 군사를 끌고 온 왜군에게 경주성을 빼앗기고 만 것입니다.

"아우야! 위기에 처한 나라를 그냥 보고 있을 수만은 없다. 어서 나라를 위해 싸우러 나가자!"

최진립은 아무런 계급도 달지 않고 동생과 함께 전쟁터로 달려 나갔습니다. 평소 그를 존경하던 농민들도 곡괭이와 낫 대신 칼과 창을 들고 뒤를 따랐습니다.

"나라를 구하는 일인데 나도 힘을 보태겠습니다."

나이가 많은 사람 적은 사람 할 것 없이 의병대로 몰려들었습니다. 그러자 어느새 모인 의병의 수가 수천 명이 훌쩍 넘었습니다.

"이제 병력은 충분합니다. 모두 힘을 합해 왜군을 몰아내고 경주성을 되찾읍시다!"

마침내 한 마음 한 뜻으로 뭉친 의병대는 왜군을 물리치는 데 성공했습니다. 의병들은 서로를 얼싸안고 기쁨의 눈물을 흘렸습니다.
"이렇게 힘을 합하니 못할 일이 없구나."
최진립 역시 승리의 기쁨을 누리며 집으로 돌아왔습니다.

03
나라를 위해 목숨 바친 최진립

다음 해에 최진립은 무과에 급제했습니다. 평소 나라를 사랑하는 마음이 남달랐던 최진립의 기쁨은 말할 수 없이 컸습니다.

'나라를 위해서라면 무슨 일이라도 할 것이다. 목숨도 바칠 것이야!'

하지만 그의 몸 상태는 날이 갈수록 나빠지기만 했습니다. 여러 차례 전투를 하느라 몸이 많이 쇠약해졌기 때문이었습니다.

'병든 몸으로는 나라에 보탬이 되기는커녕 짐만 되겠구나. 이제 결단을 내릴 때가 되었다.'

이렇게 해서 최진립은 스스로 무관직에서 물러났습니다. 모두 나라를 사랑하는 마음에서 한 결정이었습니다.

그러나 나라의 평화는 그리 오래가지 않았습니다. 1597년에 왜군이 다시 쳐들어온 것입니다. 가토 기요마사 등이 이끄는 왜군이 무려 14만 명이나 조선 땅을 밟았습니다. 이 소식을 들은 최진립은 두 주먹을 꽉 움켜쥐고 온몸을 부르르 떨었습니다.

'도대체 왜 평화롭게 사는 우리 민족을 가만두지 않는단 말인가! 이번에는 또 얼마나 많은 사람이 희생당할지 생각만 해도 끔찍하구나.'

머리끝까지 화가 치밀어 오른 최진립은 당장이라도 칼을 차고 뛰어나가고 싶은 마음이었습니다. 하지만 고작 수백 명밖에 안 되는 병사로 엄청나게 수가 많은 왜군을 상대하기는 힘들었습니다. 그렇다고 방법이 전혀 없는 것은 아니었습니다. 일단 전략을 잘 짜는 것이 중요했습니다. 깊은 고민 끝에 최진립은 병사들을 불러 모았습니다.

"너희는 왜군이 지나갈 길목에 깊은 토굴을 파라. 깊을수록 좋으니 서둘러라."

최진립의 명령을 받은 병사들은 곡괭이를 들고 바삐 움직였습니다.

"나머지는 적들을 토굴 쪽으로 유인해야 한다. 놈들이 눈치 채지 못하게 해라!"

"알겠습니다!"

잠시 후 조선 병사들을 뒤쫓는 왜군들의 발소리가 시끄럽게 울려 퍼졌습니다. 그리고 바로 이어서 왜군들의 날카로운 비명이 들려왔습니다.

"으악! 함정이다!"

조선 병사들을 잡으려고 앞만 보고 달리던 왜군들은 토굴 속에 빠져 허우적대는 신세가 되고 말았습니다. 이어서 미리 숨어서 기다리고 있던 우리 병사들이 왜군들을 공격하기 시작했습니다. 왜군들은 제대로 싸워보지도 못하고 토굴 속에서 최후를 맞이했습니다. 이리하여 최진립의 계획은 기분 좋게 성공을 거두었습니다.

　전쟁이 끝난 후 최진립은 그동안의 공을 인정받아 훈련원정에 임명되었고, 곧바로 더 높은 벼슬인 선전관에 임명되었지만 그는 정중히 사양했습니다.

　마침내 나라에서는 1607년에 최진립을 도총도부사에 임명했습니다. 그런데 이번에는 최진립도 거절하기가 힘들었습니다. 그동안 계속해서 벼슬을 사양한 것이 예의에 어긋나는

행동이라고 생각했기 때문이었습니다.

그리하여 최진립은 도총도부사의 자리에 올랐고, 다음 해에는 미량첨사에 임명되어 힘없고 어려운 백성들을 도왔습니다. 그리고 물자를 절약하고 성과 못을 수리했습니다. 농사를 위한 기계와 장비도 고쳤습니다. 못을 재정비하고 논에 물을 대기 위한 수리 시설인 보를 쌓으면서 농사에 중요한 기술을 익힐 수 있었습니다. 이 기술은 훗날 집안의 농업을 일으키는 데 큰 도움이 되었습니다. 이후로도 최진립은 계속해서 높은 벼슬에 올랐습니다.

그런데 1621년에 별장으로 양책관에 머무르다 큰 사건에 휘말리고 말았습니다. 중국 장수 모문룡 때문에 위기에 처한 것입니다. 금나라 군사들이 쫓아오자 모문룡이 이끄는 군사들은 최진립의 군사들 틈에 숨어들었고 덕분에 모문룡의 군사들은 금나라 군사들의 공격을 피할 수 있었습니다. 하지만 얼마 뒤 금나라의 군사들이 다시 몰려들어 모문룡의 군사들을 모조리 죽이는 일이 벌어졌습니다. 그러자 모문룡의 접대를 맡고 있던 이형원이 모든 책임을 최진립에게 돌렸습니다.

"이것은 모두 최진립의 탓이옵니다. 그가 시기를 늦추었기 때문에 돌이킬 수 없는 피해가 발생하고 말았습니다."

이형원의 이 보고 때문에 최진립은 조정에 끌려가 심문을 받게 되었습니다. 최진립은 아무런 잘못이 없었지만 결국 경남 울산으로 귀양을 가게 되었습니다. 그가 잘못이 없다는 것을 증명할 수 있는 방법이 없었기 때문이었습니다. 최진립은 너무나 억울해서 자다가도 벌떡 일어날 지경이었습니다.

'억울하고 분하다! 모든 원인은 모문룡에게 있다. 제 군사를 제대로 지휘하지 못한 자를 두고 왜 내가 모든 죄를 뒤집어써야 한단 말인가!'

며칠 동안 고민하던 최진립은 이 모든 사건의 원인이 무엇인지를 깨닫게 되었습니다.

'이것은 단순히 전투에서 실수했기 때문에 벌어진 일이 아니다. 이는 분명 복잡하게 얽힌 당파 싸움 때문에 생긴 일이다. 나는 그 사이에서 희생당했을 뿐이다.'

최진립은 분노하며 책상을 쾅 내리쳤습니다.

'그동안 나는 나라에 충성을 다하는 것을 최고로 생각해왔다. 물론 이 마음에는 변함이 없다. 그러나 계속해서 관직에 몸담고 있는 것은 위험한 일이다. 언제라도 모함을 받아 역적으로 취급될 수 있기 때문이다. 정말 사람들이 무섭구나. 자신의 이익을 위해 다른 사람을 궁지로 몰아넣는 일을 너무 쉽게 하고 있구나.'

최진립은 자신의 진심과는 상관없이 돌아가는 정치판의 모습을 보고 몸서리를 쳤습니다.

 그로부터 2년이 지난 1623년, 광해군을 왕위에서 몰아내고 인조를 왕으로 세운 인조반정이 일어났습니다. 최진립은 귀양살이에서 풀려나 정 7품 가덕참서가 되었고 3년 뒤에는 경흥부사로 임명받아 북방을 지켰습니다. 그런데 차디찬 바람을 맞으며 나라를 지키던 와중에 몸이 허약했던 맏아들이 세상을 떠났다는 소식을 듣게 되었습니다. 아들을 잃은 아버지의 슬픔은 말할 수 없이 컸습니다. 하지만 그는 나라를 지키는 무관은 하루도 자리를 비울 수 없다고 생각했습니다. 결국 고향으로 하인만 보내 아버지의 슬픔을 대신 전하게 했습니다.

 1639년에는 청나라가 조선을 침략하는 병자호란이 일어났습니다. 그때 최진립의 나이는 69세였습니다.

 '남들 눈에는 내가 힘없고 나약한 늙은이로 보일 것이다. 하지만 나라를 위한 충성심만큼은 그 누구 못지않게 뜨겁다. 내 목숨을 바

쳐 적들을 물리칠 것이다.'
 최진립은 비장한 표정으로 칼을 집어 들었습니다. 그리고 곧바로 전쟁터로 달려갔습니다. 하지만 그해 12월 27일에 전쟁터에서 적들과 싸우다 숨지고 말았습니다.

04
진사 이상의 벼슬은 하지 마라

평생을 나라를 위해 살았던 최진립에게는 6남 1녀의 자식이 있었습니다. 그중 맏아들이었던 동윤은 병 때문에 일찍 죽었고, 둘째 동열은 맏이 대신 집안일을 돌보았습니다. 때문에 셋째인 동량이 아버지를 따라 다니며 시중을 들었습니다.

갑자기 아버지의 전사 소식을 듣게 된 최동량은 미친 듯이 전쟁터로 달려갔습니다. 전쟁터는 그야말로 생지옥 같았습니다. 여기저기 시체들이 나뒹굴고 있었고, 부상당한 병사들의 신음소리가 사방에서 터져 나왔습니다.

"아버지를 찾아야 한다! 아버지를!"

최동량은 눈물을 뚝뚝 흘리며 처참한 모습의 시체들을 하나씩 살펴보았습니다. 오랜 시간을 헤맨 끝에 최동량은 아버지의 시신을 가까스로 찾아낼 수 있었습니다. 그는 아버지의 시신을 껴안고 펑펑 눈물을 쏟았습니다. 그리고 아버지 옆에 죽어 있는 옥동과 기별의 시신도 발견했습니다.

"고맙다. 너희가 끝까지 아버지를 모셨구나. 내가 그 공을 잊지 않으마."

세 사람의 시신을 수습한 최동량은 그 길로 곧장 고향으로 돌아갔습니다. 그리고 경남 언양 오지연에서 아버지의 장례를 엄숙히 치렀습니다. 또 약속했던 대로 옥동과 기별의 장례도 정성껏 지내주었습니다. 당시에는 주인이 하인의 장례를 치러주는 일이 거의 없었습니다. 그래서 최동량은 집안사람들을 불러 모은 뒤 그들에게 단단히 일러두었습니다.

"옥동과 기별은 우리 집안의 하인이었다. 하지만 그들은 그림자처럼 아버지를 따르며 그 누구보다 아버지를 잘 보살펴드렸다. 내가 그 충성심을 높이 사 장례를 치러주고 해마다 제사도 지내려고 한다. 너희 모두 정성을 아끼지 말거라."

그 자리에 모인 사람들, 특히 집안일을 돌보던 하인들은 주인의 말에 깊은 감동을 받았습니다.

"사람대접도 제대로 못 받는 하인들을 위해 제사까지 지내주시겠다니! 정말 훌륭한 어른이십니다."

"맞아요! 이런 마님을 모시고 있는 것도 우리 복이오. 더 열심히 일합시다."

하인들은 모두 팔을 걷어붙이고 각자 맡은 일을 하러 나섰습니다. 그런데 최동량은 당장에 집안을 돌볼 수가 없었습니다. 아버지의 묘 옆에 움막을 치고 사는 시묘살이를 시작했기 때문이었습니다. 최동량은 무려 3년 동안이나 집에 발걸음을 하지 않았습니다. 그는 아버지의 묘를 정성껏 돌보며 살아생전에 아버지가 남긴 유훈을 마음 깊이 되새겼습니다.

어느 날 깜빡 잠이 든 최동량의 꿈속에 아버지 최진립이 모습을 드러냈습니다.

"아들아, 너는 나라에 충성해야 한다. 나라가 없으면 가문도 없고 가문이 없으면 너도 없다는 것을 꼭 기억해라."

"예, 아버지. 후손들에게 아버지의 가르침을 꼭 전하겠습니다."

"가문을 지키는 일도 소홀히 해서는 안

된다. 가문은 생명의 뿌리와도 같다. 만약 가문을 지키고 가꾸지 않는다면 뿌리가 썩어 모두 죽고 말 것이다."

"명심하겠습니다."

"그리고 학문에 힘쓰되, 벼슬길에 오르기 위해 학문을 하지는 말거라. 세상 사람이 모두 내 맘과 같지는 않단다. 제 살도 베어줄 것처럼 친근하게 대했던 사람들도 자신의 이익이 줄어들 것 같으면 언제든지 너를 배신할 수 있다. 그러니 권력을 쥐게 되면 그 순간부터 날카로운 칼날 위에 서 있는 것과 같음을 꼭 기억하여라."

"알겠습니다. 그간 아버지께서 고통당하신 모습을 보아 잘 알고 있습니다."

"그러니 우리 집안의 후손들은 과거는 보되 진사 이상의 벼슬은 절대 하지 말도록 하라."

"그런데 왜 과거를 보아야 하는 것입니까?"

"가문과 재산을 오랫동안 지키기 위해서는 최소한 양반이라는 신분을 유지하고 있어야 한다. 다만 그 이상 욕심을 부리지만 않으면 된다."

말을 마치자마자 최진립의 모습은 연기처럼 스르르 사라져버렸습니다. 최동량은 아버지를 애타게 부르다 잠에서 깼습니다. 최동량의 이마에는 땀이 흥건히 배어 있었습니다.

'평소에 강조하시던 유훈을 마지막으로 당부하고 싶으셨던 게로구나. 후손들에게 그 뜻을 알려 절대 어긋남이 없도록 해야겠다.'

평소 아버지를 끔찍하게 생각했던 최동량은 아버지의 묘를 바라보며 마음속 깊이 다짐했습니다.

그런데 최동량이 3년 동안 시묘살이를 하는 사이 집안 형편은 날이 갈수록 어려워졌습니다. 마치 선장 없는 배가 고기 한 마리 잡지 못하고 넓은 바다 위를 떠다니는 것과도 같았습니다. 하지만 시묘살이가 끝난 후에도 최동량은 집안 살림을 돌보지 못했습니다. 당대의 유명한 선비들을 찾아다니며 아버지의 살아생전 행적을 담은 글을 모으느라 바빴기 때문입니다. 최동량은 당장 집안을 살피는 일보다 후손들에게 아버지의 훌륭한 업적을 알리는 일이 더 중요하다고 굳게 믿고 있었습니다.

05
수확물을 소작인들과 공평히 나누어라

 그러던 어느 날, 마을 입구로 들어서던 최동량은 못 먹어서 비쩍 마른 노인과 굶주림 때문에 뛰놀지도 못하는 아이를 보게 되었습니다. 순간 그는 가슴이 쿵하고 내려앉는 것만 같았습니다. 그러고 보니 여러 차례 전쟁을 겪은 통에 마을의 집들은 대부분 불타 없어진 상태였습니다. 또 농사를 제대로 지을 수가 없어서 집집마다 굶주림의 고통을 당하고 있었습니다. 그런 까닭에 이미 상당수의 마을 사람들과 하인들이 먹을 것을 찾아 떠돌아다니는 유랑민이 되어 있었습니다.
 '더 이상 이렇게 살 수는 없다. 하지만 무엇부터 시작해야

한단 말인가?'

긍정적인 성격의 최동량이었지만 집 안팎의 상황을 보자 절로 한숨이 터져 나왔습니다. 최동량은 일단 자신의 집 하인들의 수부터 헤아려보았습니다. 유랑민이 되어 떠난 이들도 있었지만 아직 30명 정도가 집에 남아 있었습니다.

최동량은 방 안에 틀어박힌 채 밤을 꼬박 새우며 고민했습니다. 그는 책상 위에 놓인 중국 서적 ≪제민요술≫과 ≪농상집요≫, 그리고 세종대왕의 명으로 편찬된 ≪농사직설≫을 뚫어져라 쳐다보았습니다. 농사와 관련된 그 책들은 모두 아버지 최진립이 살아 있을 때 열심히 보던 것들이었습니다.

다음 날 최동량은 가족과 하인들을 한자리에 모아놓고 말했습니다.

"사람이 사는 데 가장 기본이 되는 일은 농사다. 이제부터 나는 농사일에 온 신경을 쓸 것이니 너희 모두 열심히 따라주었으면 좋겠구나."

"하지만 지금 논밭의 상태가 매우 나쁩니다."

하인들이 걱정스런 표정으로 말했습니다.

"그렇다고 아무 일도 하지 않는다면 우리에게 남는 것은 굶어 죽는 일뿐이다. 그동안 나는 아버지를 따라다니며 여러 가지 농사 기술을 배웠다. 이제 그 기술을 이용해볼 생각이니 나를 믿고 따르거라."

사람들은 자신감에 넘치는 최동량의 모습을 보고 그의 뜻에 따르기로 결정했습니다.

최동량은 가장 먼저 개천의 둑을 정비했습니다. 그동안 전쟁을 자주 치르다 보니 개천의 둑은 모두 무너진 상태였습니다. 그러니 비가 조금만 와도 물이 넘쳐 논과 밭은 흙더미에 묻힐 수밖에 없었습니다. 그는 일단 홍수가 날 때 물살이 흐르는 방향을 예상해보았습니다. 그런 다음 가까운 돌산에 가서 돌을 깨서 날라다 둑을 단단히 쌓았습니다. 이렇듯 모두 함께 힘을 모아 기초를 잘 다지니 힘들게 지은 농사가 물살에 휩쓸려가는 것을 막을 수 있게 되었습니다.

다음으로 최동량은 근처의 들판을 돌아다니며 개간할 땅이 있는지를 살펴보았습니다. 당시 나라에서는 땅을 개간하면 3년 동안 세금을 면해주었습니다. 또 주인이 없는 밭이나 산을 개간하는 사람에게는 소유권을 인정해주었습니다.

"나라에서도 농사를 지을 수 있도록 많은 도움을 주고 있다. 그러니 모두 열심히 땅을 파고, 돌을 골라내라. 그러면 모두 우리의 땅이 될 것이다."

최동량은 구슬땀을 흘리며 일하는 사람들을 격려했습니다. 하지만 말만 가지고는 그들에게 도움이 되지 않는다는 것을 잘 알고 있었습니다. 그래서 최동량은 그 길로 관아를 찾아갔습니다.

"이조리 부근을 자세히 조사한 결과, 형산강 상류 부근에서 개간할만한 넓은 땅을 찾아냈습니다. 하지만 사람의 힘만으로는 빠른 시간 안에 개간하기 힘듭니다. 만약 농사에 쓸 황소와 농기구를 지원해주신다면 큰 힘이 될 것입니다."

"정무공 때부터 충신 집안인 것은 이 지역 사람들이 다 아는 사실이오. 그런 최씨 가문에서 도움을 청하는데 내 어찌 거절하겠소. 얼마든지 도와줄 테니 걱정 마시오."

원님은 흔쾌히 최동량의 요청을 들어주었습니다. 덕분에 땅을 개간하는 속도가 빨라졌습니다. 사람들도 신이 나서 더욱 열심히 일을 했습니다. 최동량 역시 새벽부터 밤까지 하인들과 함께 일을 하며 노력을 게을리 하지 않았습니다. 덕분에 수백 마지기의 논과 밭을 개간할 수 있었습니다.

그렇게 열심히 일하는 동안, 최동량의 마음속에는 어떤 생각 하나가 자라나기 시작했습니다.

'이제 이조리 부근에는 노는 땅이 없을 정도가 되었다. 이것은 모두가 힘을 합했기 때문에 가능한 일이다. 그러니 나 혼자서 이 모든 공을 가로챘다는 것은 있을 수 없는 일이다.'

최동량은 땅을 개간하느라 고생했던 사람들에게도 이익이 돌아갈 수 있는 방법을 생각해냈습니다. 당시로서는 획기적인 제도인 병작반수제를 실시하기로 한 것입니다.

"병작반수제가 무엇입니까요?"

어리둥절한 표정으로 하인이 묻자 최동량이 미소를 지으며 말했습니다.

"내 소유의 땅에서 나오는 수확물의 절반만 내가 받고 나머지는 소작농이 갖는 것을 뜻하네."

"절반만?"

두 눈이 동그래진 하인들과 마을 사람들은 모두 제 귀를 의심했습니다.

"조선 전체를 통틀어서 소작인에게 수확물의 절반만 받는 땅주인은 없어. 거짓말을 하는 게 분명해."

"그렇겠지? 그동안 지주들은 겨우 입에 풀칠할 정도의 식량만 남겨두고 모조리 빼앗아가 버렸잖아."

하지만 사람들의 걱정과 달리 최동량은 병작반수제를 철저히 지켰습니다.

'열심히 일한 사람들에게는 그만큼의 대가가 돌아가야 한다. 그래야만 소작농들도 신이 나서 더 열심히 농사를 짓게 될 것이다.'

그의 생각은 정확히 맞아떨어졌습니다. 최동량의 땅을 부쳐 먹고 살던 소작농들은 남들보다 더 부지런히 일했습니다. 동이 트기 전부터 깜깜한 밤까지 일을 해도 힘든 줄도 몰랐습니다. 그렇게 일해서 얻은 수확물의 절반이 자신의 것이 되기 때문이었습니다. 그들은 성실히 노력하면 자기도 부자가 될 수 있다는 꿈을 갖게 되었습니다. 덕분에 1년 동안 힘들게 농사를 지어도 지주들에게 몽땅 뺏기던 때와는 비교도 할 수 없을 만큼 행복해졌습니다.

최씨 집안에서 병작반수제를 한다는 소문은 먼 지방까지 빠르게 퍼져나갔습니다.

"지금 이조리로 가면 품삯으로 수확량의 절반을 받을 수 있다네!"

"게다가 그 집에서는 하루에 세 끼나 밥을 준다네!"

이 말을 들은 할아버지 한 명이 버럭 화를 내며 소리쳤습니다.

"예끼! 요즘같이 어려운 세상에 누가 일꾼한테 세 끼를 꼬박꼬박 먹여준단 말이냐?"

"그 집에서 일하는 사촌에게서 직접 들은 말입니다! 일하려면 배가 든든히 차야 한다고 주인마님이 그랬답니다."

비쩍 마른 사내가 답답하다는 듯 말했습니다. 그러자 옆에 서 있던 아낙네가 거들고 나섰습니다.

"게다가 최씨 집안 사람들도 새벽별이 뜰 때부터 밭에 나가 일을 한답니다. 윗사람들이 그렇게 열심인데 아랫사람들이 놀고 있을 수 있겠어요?"

"허허, 내 평생 그렇게 훌륭한 지주 이야기는 처음 듣는다."

그제야 할아버지는 무릎을 탁 치며 껄껄 웃었습니다.

그리하여 먹을 것을 찾아 떠돌아다니던 유랑민들이 이조리로 몰려들기 시작했습니다. 특히나 굶주림을 견디다 못해 고향을 버리고 떠났던 이조리 사람들은 더욱 발길을 재촉했습니다.

"제발 저도 이 댁에서 일을 하게 해주십시오. 다시는 고향을 떠나 설움 받고 살고 싶지 않습니다."

이렇게 해서 최동량의 집에서 일하게 된 사람들은 소문이 거짓이 아니었음을 알게 되었습니다. 그들은 정말 하루 세 끼를 꼬박꼬박 배부르게 먹을 수 있었습니다.

"이 반찬 좀 보게! 주인마님이 드시는 반찬과 똑같은 것이라니 이렇게 고마울 데가!"

"이제껏 사람대접도 못 받고 살았는데 얼마나 감사한지 모르겠네. 이 은혜를 갚기 위해서라도 열심히 일해야겠어."

자기 욕심만 차리는 것이 아니라 일꾼들의 마음을 헤아린 최동량의 진심이 통하는 순간이었습니다.

최동량은 평소 자식들을 모아놓고 일꾼의 소중함에 대해 이야기하곤 했습니다.

"세상에서 가장 근본이 되는 일이 무엇이냐?"

"농사를 짓는 일입니다."

"농사를 짓는 이는 누구냐?"

"일꾼들이옵니다."

"양반의 손발이 되어주고 집안의 재산을 살펴주는 이는 누구냐?"

"하인들입니다."

"그들이 없으면 어떻게 살 것 같으냐?"

"당장 먹고 입는 일부터 힘들어질 것입니다."

"그렇다면 그들을 어떻게 대하는 것이 옳겠느냐?"

"그런데 아버지, 어차피 아랫사람인데……."

"어허! 그런 생각을 고쳐야 하느니라. 하인들은 땅과 같은 존재다."

"땅이라니요?"

아이들은 서로를 쳐다보며 고개를 갸웃거렸습니다.

"땅은 곡식을 생산해내는 귀한 존재다. 그런 땅을 잘 고르고 다지면 좋은 수확물을 얻을 수 있지. 하지만 땅을 내버려두고 손보지 않으면 잡초만 무성해진단다. 하인을 다루는 것도 이와 마찬가지다. 그들이 입고 먹는 것에 신경을 써줘야 한다. 혹시라도 작은 실수를 했다고 해서 심하게 꾸짖거나 매질을 해댄다면 그들은 주인을 위해 열심히 일하지 않을 것이다."

그제야 아이들은 아버지 최동량을 쳐다보며 고개를 끄덕였습니다.

"다른 날보다 일이 많은 날은 맛있는 음식을 챙겨주고 칭찬도 아끼지 말거라. 또 가족이 없는 하인이 아플 때는 정성껏 간호해줘라. 혹시 부모나 자식이 있는 하인이 병들어 죽거든 남은 가족들이 굶지 않도록 양식을 챙겨줘야 한다. 이렇게 하면 하인들이 주인을 어떻게 대할 것 같으냐?"

"정성을 다해 모실 것 같습니다."

"맞다. 주인의 정성에 감동 받아 더 열심히 일하게 될 것이다. 그러면 주인과 하인 모두가 더 많은 재산을 가질 수 있을 것이다."

"알겠습니다. 그러니까 일은 즐겁게 하고 재산은 늘어나고!"

"하하하하!"

인간적으로 일꾼들을 대하라는 최동량의 가르침은 자식들에게 큰 깨달음을 주었습니다.

그런데 이렇게 인심 좋고 온화한 성품의 최동량도 아랫사람들을 들들 볶을 때가 있었습니다. 그것은 바로 대소변과 관련된 문제였습니다.

"밖에서 일하다 아무리 급하더라도 아무 데서나 대소변을 보면 안 되네! 반드시 집에 와서 볼일을 봐야 해."

"더러운 대소변을 왜 그렇게 챙기십니까?"

사람들은 도무지 이해할 수 없다는 표정으로 이렇게 물었습니다.

그럴 때마다 최동량은 답답하다는 표정으로 말했습니다.

"자네의 똥오줌이 얼마나 좋은 비료가 되는지 몰라서 하는 말인가? 자네 때문에 저 논에서 나는 곡식의 양이 확 줄어들면 책임질 텐가?"

"아이고! 아닙니다요."

처음에는 이상하게 생각했던 사람들도 농사를 잘 짓기 위해서라면 어떤 일도 서슴지 않는 최동량의 모습을 존경하게 되었습니다. 당시에는 사람의 대소변을 비료로 사용하는 방법이 잘 알려지지 않았습니다. 하지만 최동량은 농사와 관련된 여러 책을 통해 그 사실을 잘 알고 있었습니다. 그래서 대소변을 모아 잘 삭힌 뒤 비료로 사용했던 것입니다. 그 덕에 최동량의 땅에서 나는 수확물은 근처 다른 지주들의 땅에서 나는 수확물보다 그 양이 훨씬 많았습니다.

아랫사람들을 인간적으로 대하고 좋은 농사 기술까지 사용한 덕분에 최동량의 곳간엔 곡식이 날로 쌓여만 갔습니다. 그리하여 최씨 가문이 부자가 되는 든든한 기반을 잘 다졌습니다.

06
최 부잣집의 기초를 만든 최국선

최동량에게는 아들 넷과 딸 둘이 있었습니다. 그중 맏아들 최국선은 인조가 나라를 다스리던 1631년에 태어났습니다. 아버지 최동량은 국선을 무척 아끼고 사랑했습니다. 어디를 가든지 항상 국선을 데리고 다니면서 자랑하기를 즐겼습니다.

"이 아이의 눈매는 참으로 선하네. 분명 어려운 사람들을 돕고 그들을 보듬어 안을 줄 아는 사람이 될 것이야."

최동량이 그렇게 생각한 데는 그만한 이유가 있었습니다. 국선은 동생 여럿이 몰려들어 귀찮게 하거나 갖고 놀던 장난감을 빼앗아 가도 결코 화를 내는 법이 없었습니다. 국선은 자기도 아직 어리지만

73

저보다 더 어린 동생들을 먼저 생각하는 속 깊은 아이였습니다.

그뿐만이 아니었습니다. 국선은 먹을 것이 생기면 언제든지 동네에서 가장 가난한 집 아이에게 나눠주곤 했습니다. 어머니가 몰래 감춰두었다가 내주는 홍시나 떡, 약과까지 국선은 남에게 주는 것을 절대 아까워하지 않았습니다.

"배고픈 친구에게 주는 것도 좋다만 네가 먹는 모습도 보고 싶구나."

"어머니, 제 배 좀 만져보세요. 웬일인지 점심 때 먹은 밥이 아직까지 꺼지지 않았습니다."

국선이 이렇게 너스레를 떨면 어머니는 할 수 없다는 듯 함께 웃었습니다. 이 모습을 흐뭇한 표정으로 바라보던 최동량이 말했습니다.

"부인, 저 아이는 가문을 크게 일으킬 뿐만 아니라 사람들의 존경까지 받게 될 것이오."

"맞습니다. 국선이는 정말 마음이 따뜻한 아입니다. 큰 그릇이 될 게 분명해요."

이처럼 국선은 부모의 사랑과 믿음을 한 몸에 받으며 성장했습니다.

어느덧 청년이 된 최국선은 집안 살림을 하나씩 맡게 되었습니다. 그는 다른 형제들에 비해 농사에 대한 남다른 애정을 가지고 있었습니다. 무엇보다 논밭을 일구는 하인과 소작인들을 모으는 능력이 뛰어났습니다. 아버지 최동량에게서 배운 대로 실천한 덕분이었습니다. 최씨 집안에서 일하는 하인들과 소작인들은 다른 지주 밑에서 일하는 소작인들에게 부러움의 대상이었습니다.

"최씨 집안에는 마름이 없다네."

"세상에, 마름을 안 쓰는 주인이 다 있단 말인가? 나는 마름한테 들볶이느라 하루도 마음 편할 날이 없는데!"

"호랑이가 없는 굴에서 여우가 왕이라더니, 우리 집 마름이 딱 그 꼴이야!"

마름이란 지주의 땅과 농사에 관련된 일을 관리하는 사람을 말합니다. 당시 대부분의 땅주인들은 한양이나 큰 읍에 살고 있었기 때문에 자신의 땅과 가까이에 살면서 농사를 관리할 사람을 따로 두고 있었습니다.

그런데 문제는 마름들이 제멋대로 횡포를 저지른다는 점이었습니다. 그들은 누구에게 소작을 맡길 것인지, 소작료는 얼마나 받을 것인지, 땅을 어떻게 개량할 것인지를 자기 마음대로 결정했습니다. 그러다 보니 혹시라도 마름의 눈 밖에 나는 행동을 하거나 마름의 행동에 대해 투덜거리기라도 하면 나쁜 일을 당하기 일쑤였습니다. 마름들은 자기 마음에 들지 않는 소작인에게서는 소작료를 더 많이 거두었습니다. 때로는 아예 소작인들이 농사를 짓지 못하도록 땅을 빼앗아버리기도 했습니다. 흉년이 들기라도 하면 소작인에게 횡포가 더욱 심해졌습니다. 당장 먹고살 길이 막막해진 사람들이 돈이나 곡식을 빌리려고 하면 원금의 10분에 1에 달하는 이자를 내놓으라고 거들먹거렸습니다. 가족이 굶어 죽기라도 할까 봐 돈을 빌렸던 사람들 중에는 제때 곡식을 갚지 못하는 사람이 많았습니다. 그렇게 시간이 흐르다 보면 이자가 원금보다 훨씬 더 커지는 경우가 대부분이었습니다. 그러면 마름들은 무시무시한 얼굴을 하고 소작인들을 찾아가 돈을 갚으라고 소리를 질러댔습니다. 한마디로 소작인들에게 마름은 땅주인보다, 아니 저승사자나 도깨비보다 더 무시무시한 존재였습니다.

하지만 최국선은 마름을 두지 않았습니다. 가장 큰 이유는 마름 때문에 소작인들을 힘들게 하고 싶지 않아서였습니다.

'사람들에게 널리 베풀고 그들을 진심으로 대해야 한다. 그러면 그들도 내게 최선을 다할 것이다.'

또 다른 이유는 땅주인인 자신이 나서서 농사일을 하는 것이 더 좋다고 생각했기 때문이었습니다. 집안의 가장 큰 사업인 농사를 남의 손에 맡겨두어서는 더 많은 수확물을 얻기 힘들다는 생각이었습니다. 그 스스로 농사일에 뛰어듦으로써 보다 나은 농사 기술을 익힐 수 있다는 믿음도 있었습니다.

결과적으로 최국선의 이런 생각은 모두 옳았습니다. 소작인들은 더욱 열심히 일했고 최국선은 더 큰 부자가 되었습니다. 하지만 최국선은 거기에서 멈추지 않았습니다.

'어떻게 하면 더 쉽게 농사를 지을 수 있을까? 또 수확물의 양을 확 늘릴 방법은 없을까?'

어느 날 최국선은 하던 일을 멈추고 나무 그늘 아래서 땀을 식히고 있었습니다. 그때 부지런히 논을 갈고 있는 황소 한 마리가 눈에 띄었습니다. 황소 옆에서는 건장한 사내가 곡괭이를 휘두르며 열심히 땅을 파고 있었습니다. 그런데 가만 보니 황소가 일하는 속도가 사내보다 훨씬 빠른 것이었습니다. 그 모습을 본 최국선은 자리에서 벌떡 일어나 집으로 달려갔습니다.

"아버지, 황소를 두 마리만 샀으면 합니다."

"아주 좋은 생각이다. 이제 형편이 넉넉해졌으니 네 생각대로 해라."

그때만 해도 황소는 매우 귀하고 비쌌습니다. 그래서 한 마을에 기껏해야 황소가 4~5마리 정도밖에 없었습니다. 그런 황소를 두 마리나 갖게 된 최국선은 하늘을 날 듯이 기뻤습니다.

"아버지, 저 황소들은 비싼 만큼 제값을 할 것입니다. 건장한 일꾼 서너 명이 할 일을 뚝딱 해치우는 것을 보십시오."

"맞다. 게다가 잘 말린 풀만 충분히 있으면 되니 기르는 데도 어려움이 없지."

두 부자는 열심히 밭을 가는 황소 두 마리를 흐뭇한 표정으로 바라보았습니다.

이처럼 최국선은 벼슬을 얻기보다는 농사일에 모든 신경을 쏟았습니다. 그는 동이 틀 때부터 저녁별이 뜰 때까지 오로지 농사만을 생각했습니다. 한마디로 머리끝부터 발끝까지 농사꾼의 기질이 흘러넘쳤습니다. 하루 종일 일꾼들과 힘들게 일하고 들어와서도 편하게 누워 쉬는 법이 없었습니다.

최국선은 낮에는 곡괭이를 들었고 밤에는 농사와 관련된 책을 펼쳤습니다. 어떤 날은 피로에 지쳐 절로 눈이 감길 때도 있었습니다. 하지만 최국선은 절대 손에서 책을 놓지 않고 차가운 물로 세수를 해 가며 잠을 쫓았습니다. 그는 수많은 책 중에서도 신속이 지은 《농가집성》을 가장 열심히 읽었습니다. 이 책에는 각 작물별로 어떤 기후에서 어떤 재배법을 써야 하는지가 잘 기록되어 있었습니다. 한마디로 당시 최고의 종합 농업 서적이었습니다.

'책에서 배운 내용을 농사에 잘 이용할 수 있어야 한다. 그러기 전에 다른 지방에서는 어떤 농사 기법을 쓰는지 알아봐야겠다.'

최국선은 농사일이 한가해지는 농한기 때 여러 지방을 돌아다니며 새로운 농사법을 배웠습니다. 그중에서 그의 관심을 가장 끌었던 것은 바로 벼 이앙법이었습니다. 이앙법은 벼농사를 지을 때 못자리에서 모를 따로 키운 다음 본래의 논으로 옮겨 심는 재배법입니다. 고려시대 때부터 행해져 온 농사 기법이었지만 조선시대에는 삼남지방(충청도, 전라도, 경상도) 일부와 강원도 일부 지역에서만 행해지고 있었습니다. 그 이유는 물 때문이었습니다. 이앙법은 가뭄이 심해 물을 댈 수 없으면 농사를 망칠 수밖에 없었습니다.

그래서 당시 대부분의 지역에서는 직파법을 행하고 있었습니다. 직파법은 농경지에 직접 씨앗을 뿌려 농작물을 재배하는 방법입니다. 하지만 직파법은 벼를 수확할 때까지 계속해서 잡초를 뽑아야 하는 번거로움이 있었습니다. 이 말은 곧 잡초를 뽑을 사람이 많이 필요하다는 것을 뜻했습니다. 만약 일손이 모자라서, 혹은 게으름을 피우다가 잡초를 그냥 두게 되면 벼는 금세 말라죽고 말았습니다. 잡초가 땅의 영양분을 모조리 빨아먹었기 때문입니다. 그래서 이런 식으로는 많은 양의 곡식을 수확하지 못했습니다. 뿐만 아니라 큰 농사를 지을 수도 없었습니다.

하지만 이앙법을 사용하면 제초 작업이 간단해졌습니다. 덕분에 노동력을 절약할 수 있고 더 많은 수확을 거둘 수도 있었습니다.

'우리 땅에서는 이앙법이 가능하다. 아버지께서 개천 둑을 정비해 놓으셨지 않은가. 수리시설을 잘 갖추고 있기 때문에 가뭄이나 홍수를 이겨낼 수 있을 것이다.'

최국선은 두 주먹을 불끈 쥐었습니다. 그의 마음속에는 강한 자신감이 차오르고 있었습니다.

집으로 돌아온 최국선은 곧바로 이앙법을 실행해보았습니다. 결과는 대성공이었습니다.

"이앙법을 하기 전에는 논에서 잡초를 뽑는 데만 하루해가 훌쩍 넘어갔네. 그런데 지금은 그 시간에 다른 일을 할 수 있게 되었네."

"게다가 물까지 넉넉하니 이보다 좋을 수가 있겠는가!"

"쌀 생산량도 늘어나서 마음이 든든하구먼."

신나게 떠들어대는 일꾼들의 말을 들은 최국선은 흐뭇한 미소를 지었습니다. 그 순간 그의 머릿속에 아버지의 모습이 떠올랐습니다.

"아버지! 고맙습니다. 이 모든 것이 아버지께서 기초를 잘 다져주신 덕분입니다.'

최국선은 개천 둑을 정비하기 위해 맨손으로 돌덩이를 날랐을 아버지를 생각하며 눈시울을 붉혔습니다.

이렇게 해서 최국선은 농사를 짓는 일손은 줄이고 수확량은 더 많이 얻을 수 있었습니다. 그리고 남는 일손으로 또 다른 땅을 개간하게 되니 최국선의 재산은 날로 쌓여갈 수밖에 없었습니다.

07
내 것을 아껴 가난한 이들을 도와라

어느새 최국선은 부근에서 가장 손꼽히는 부자가 되었습니다. 하지만 그는 그 때문에 자식들이 잘못될까 늘 걱정이었습니다. 그래서 시간만 있으면 세 아들을 모아놓고 조상의 가르침을 전했습니다.

"집안 살림이 넉넉하다고 해서 마구 쓰는 것은 옳지 않단다. 아무리 남부럽지 않은 만석꾼이라 해도 재물을 절약하지 않으면 결국엔 망할 수밖에 없다는 걸 명심해라."

"그러면 무조건 쓰지 않고 절약하면 되는 것입니까?"

"아니다. 우선은 내 집에 확실하게 들어올 재물을 헤아려보아라. 그리고 그 범위 안에서 꼭 써야 할 것을 결정해라. 대신 들어오지도

않을 재물을 미리 생각하고 마구 써서는 안 된다. 그것은 빚을 지는 것과 마찬가지니라."

"명심하겠습니다."

"풍년이든 흉년이든 그해에 지낼 제사를 미리 헤아려보거라. 가족의 수도 계산해서 한 해 집안 살림을 어떻게 꾸려야 할지 계획해야 하느니라. 계획에는 절대 지나침이 없어야 한다."

"제사는 어떻게 지내는 것이 옳습니까?"

"조상의 은덕을 기리는 것이니 정성껏 지내는 것이 도리다. 대신 음식을 차고 넘치게 차릴 필요는 없단다."

"어머니가 결혼한 뒤 3년 동안 무명옷만 입으셨던 것도 그 때문입니까?"

"그렇다. 우리 집안 여인은 모두 그렇게 살아왔다. 너희 할머니께서 입으셨던 솜옷은 물에 담가놓으면 이불 한 채 정도 크기로 부풀어 오를 정도였단다."

"왜요?"

"구멍 난 옷을 이리저리 하도 기워 입어서 그렇지. 그 솜들이 물을 먹어 부푼 거란다."

"하지만 우리 집은 부자가 아닙니까? 옷을 여러 벌 해 입어도 되지 않습니까?"

아이들은 이해할 수 없다는 표정으로 물었습니다.

"그렇게 생각할 수도 있겠지. 하지만 할머니께서 검소하게 생활하셨기 때문에 우리 집에 재물이 쌓일 수 있었던 거란다."

"하지만 흉년에 사람들에게 내놓는 쌀만 아껴도……."

아이가 최국선의 눈치를 보며 말했습니다. 그러자 최국선은 단호하게 고개를 가로저었습니다.

"쌀 한 가마니로 비단옷을 해 입는 것이 더 좋은 일이냐, 굶주린 수십 명이 끼니를 때우는 것이 더 좋은 일이냐?"

"사람들을 먹이는 것이 더 좋은 일입니다."

아이가 기어들어가는 목소리로 대답했습니다. 그러자 최국선은 따뜻한 눈길로 아이를 쳐다보며 말했습니다.

"누구나 너처럼 생각할 것이다. 하지만 최씨 집안 사람은 그래서는 안 된다. 네 어머니가 왜 무명옷을 3년이나 입었는지 그 뜻을 생각해 보아라."

"알뜰하게 내 것을 아끼면 어려울 때 가난한 사람들을 도울 수 있기 때문입니다."

"맞았다. 바로 그것이 우리 집안 어른들께서 가장 중요하게 생각하는 가르침이다."

대화를 마친 아이들의 마음속에는 아버지와 조상들에 대한 존경심이 솟아오르고 있었습니다.

"형님, 우리 부모님은 말보다 행동으로 실천하시니 정말 훌륭한 분들이십니다."

"아우야, 우리는 훌륭한 부모님의 이름에 먹칠하는 행동은 절대 하지 말자꾸나."

아이들은 밝게 웃으며 서로의 손을 꼭 잡았습니다.

어린 시절의 약속대로 아이들은 어른이 돼서도 가난한 사람을 위하는 따뜻한 마음을 잃지 않았습니다. 최국선은 그런 자식들을 볼 때마다 뿌듯하기 그지없었습니다. 그리고 마음 한편으로 또 다른 가르침을 줄 때가 되었다고 생각했습니다.

"물건을 사고팔 때 가장 중요한 것이 무엇이냐?"

"이익을 남기는 것입니다."

"맞다. 너는 물건을 팔 때 어떤 마음이 들었느냐?"

"이익을 많이 남겼으면 좋겠다는 마음이 들었습니다."

"물건을 살 때는 어땠느냐?"

"싸게 샀으면 좋겠다는 생각을 했습니다."

"그렇다. 사람들은 누구나 물건을 살 때는 적게 주고 팔 때는 많이 받고 싶어 한다. 하지만 이렇게 자기 이익만 챙기는 것은 옳지 않다."

"그러면 어떻게 해야 합니까?"

"물건을 살 때는 나라면 얼마를 받겠는지를 먼저 생각해보고, 물건을 팔 때는 나라면 얼마를 주고 살 것인지를 생각해보아라. 그러면 적당한 값을 알 수 있을 것이다."

"그러면 물건 값을 많이 주는 것이 좋은 것입니까?"

"아니다. 물건의 값을 제대로 알지 못하고 무조건 많이 주는 것은 좋지 않다."

"만약에 제값을 잘 모를 경우에는 어떻게 해야 합니까?"

"그럴 때는 다른 사람들에게 물어보아라. 많은 사람이 상식적으로 생각하는 값이 바로 그 물건의 값이다."

최국선의 자식들은 눈빛을 반짝이며 아버지의 말을 귀담아듣고 있었습니다. 최국선은 자식들이 자신의 뜻을 잘 받아들이는 것 같아 기분이 좋아졌습니다. 이제 그는 가장 하고 싶었던 이야기를 꺼냈습니다.

"흉년이 들면 가난한 사람들은 집안 살림살이를 팔아서 끼니를 때워야 한다. 그런데 그런 이들의 다급하고 절박한 상황을 이용해 그들이 내놓은 물건을 싸게 사려고 해서는 안 된다. 아픈 사람에게도 마찬가지다. 약값에 쓰려고 소중한 땅문서를 내놓은 사람에게 터무니없게 값을 낮춰서는 절대 안 된다는 말이다."

"명심하겠습니다. 그런 짓을 했다가 나중에 조상님 얼굴을 어떻게 뵙겠습니까?"

최국선은 만족스런 얼굴로 미소를 지었습니다. 아버지와 조상님이 남기신 유훈을 대대로 이어갈 수 있다는 믿음이 생겼기 때문이었습니다.

08
사방 1백 리 안에 굶어 죽는 사람이 없게 해라

"아이고! 언년아!"

해가 질 무렵 쓰러져가는 초가집에서 울음소리가 터져 나왔습니다. 그 집 옆을 지나가던 사람들은 옷소매로 눈물을 훔치며 한숨을 내쉬었습니다.

"마을이 온통 초상집이로구먼."

"흉년이 계속 이어지니 가난한 사람은 모두 굶어 죽게 생겼소."

당시 조선에는 3~4년에 한 번씩 극심한 흉년이 찾아와 가을이 돼도 추수할 것이 없었습니다. 혹시 농작물을 수확한다고 해도 땅주인에게 소작료를 내고 나면 남는 것이 없었습니다. 경상도에서만 굶어 죽는 사람이 수천 명이 넘을 정도였습니다. 그래서 사람들은 주린 배를 쥐고 먹을 것을 찾아 산과 들을 돌아다녔습니다. 하지만 땅에 떨어진 곡식 한 알 찾기도 쉽지 않았습니다. 하는 수 없이 사람들은 풀뿌리나 나무껍질을 모아 죽을 쑤어 먹었습니다. 그러나 그 때문에 똥을 눌 때마다 눈물을 쏙 빼야 했습니다.

"어머니, 똥구멍이 찢어져서 피가 나요."

아무리 오랫동안 끓였다고 해도 딱딱하고 질긴 나무껍질이 제대로 소화될 리가 없었던 것입니다. '똥구멍이 찢어지게 가난하다'는 말은 바로 여기에서 비롯된 것입니다.

최국선은 이런 모습을 가만히 보고 있을 수가 없었습니다. 평소 근검절약을 강조하는 그였지만 가난 때문에 굶어 죽는 사람에게는 예외였습니다.

최국선은 마당에 집안 사람들과 소작인들을 모아 놓고 말했습니다.

"지금 삼남지방에 큰 흉년이 들어 사람들이 굶어 죽고 있다. 이런 때에 우리만 배불리 먹는다는 것은 있을 수 없는 일이다. 그러니 지금 당장 곳간 문을 열고 곡식을 꺼내라."

"볏가마니를 얼마나 꺼낼까요?"

"사방 1백 리 안에 굶어 죽는 사람이 없어야 한다. 그러니 내 집의 곳간이 다 비어도 상관없다. 어서 벼를 찧고 죽을 쑬 준비를 해라."

하인들은 최국선의 명령에 따라 재빠르게 움직였습니다.

"세상천지에 우리 마님 같은 분은 없을 거야. 가난한 사람들 먹이겠다고 자기 곳간을 다 비울 사람이 어디 있겠는가?"

"가난은 나랏님도 구제 못한다고 했는데, 우리 주인님은 하시는구먼."

"훌륭한 주인 덕에 우리도 좋은 일을 하게 되었네."

하루 종일 곡식을 빻고 뜨거운 솥 옆에 서서 죽을 쑤느라 바빴지만 하인들은 힘든 줄을 몰랐습니다.

최국선은 집안의 여자들에게는 또 다른 임무를 주었습니다.

"지금부터 우리 집안의 모든 여자는 옷을 만들도록 해라. 끼니를 때우는 것 못지않게 몸을 보호할 옷을 갖춰 입는 것도 중요하다. 그러니 헐벗은 이가 없도록 부지런히 바느질을 해라."

최국선의 명에 따라 아낙네들은 베를 끊어다 옷을 만들기 시작했습니다. 쉬지 않고 바느질을 한 탓에 어깨가 아프고 손가락이 저려 왔습니다. 손가락 끝에 물집이 잡히고 피가 나기도 했습니다. 하지만 아낙네들은 나보다 힘든 사람들을 돕는다는 기쁨에 바느질을 멈추지 않았습니다.

최국선은 하인들 중에서 발이 빠른 사람 몇 명을 뽑았습니다.

"너희는 지금 당장 이웃 마을로 달려가서 방을 붙이고 오너라. 끼니를 때울 수 없는 사람들은 누구라도 먹여줄 테니 모두 모이라고 일러라."

"네! 제가 윗마을을 맡고, 돌쇠에게는 아랫마을을 맡기겠습니다."

"혹시 아파서 누워 있는 사람이나 움직이기 힘든 노인이 있을 수도 있다. 그런 사람들을 위해 곡식을 따로 준비해 가거라."

하인들은 바람처럼 빠르게 각자 맡은 지역으로 달려갔습니다. 하루 종일 심부름을 하느라 끼니를 제대로 챙겨 먹지 못했지만 배가 고픈 줄도 몰랐습니다.

'배가 고파서 움직일 힘도 없는 사람들이 이 소식을 들으면 얼마나 기뻐할까?'

하인들은 사람이 많이 모이는 곳에 방을 붙였습니다. 그리고 글을 읽지 못하는 이들을 위해 큰소리로 외쳤습니다.

"어서 이조리의 최 부잣집으로 오십시오! 지금 마당에다 큰 솥 여러 개를 내놓고 계속해서 죽을 쑤고 있습니다."

"그게 무슨 소리요? 다들 굶어 죽게 생겼는데 잔치 구경하러 오란 말이오?"

하인의 말뜻을 제대로 알아듣지 못한 사내 한 명이 버럭 화를 냈습니다.

"우리 마님께서 배고픈 사람들에게 주기 위해 곳간 문을 활짝 여셨습니다. 누구든지 배고픈 사람은 와서 식사를 하고 가십시오."

"그게 사실이오?"

마을 사람들은 설마하는 표정으로 하인의 얼굴을 뚫어져라 쳐다보았습니다.

"이조리 최 부잣집이 인심 좋다는 소리는 들어봤지만, 1백 리나 떨어진 우리 마을 사람들까지 도울 리가 없지!"

그러자 하인이 답답하다는 듯 소리쳤습니다.

"죽을 먹고 돌아가는 길에 곡식도 나눠줄 것이니 서두르십시오."

"에구머니! 정말인가 보네!"

갑자기 사람들의 얼굴에 화색이 돌기 시작했습니다.

"아이고! 이렇게 고마울 데가! 죽으라는 법은 없구나."

아낙네들은 배고프다 칭얼거리는 어린 자식의 손을 꼭 잡았습니다. 사내들은 늙은 부모를 둘러업었습니다. 그들은 서둘러 이조리로 향했습니다. 죽을 먹고 곡식까지 얻어올 수 있다는 생각에 사람들의 발걸음은 날아갈 듯 가벼웠습니다.

소식을 전한 하인도 이조리 쪽으로 발길을 돌렸습니다. 그런데 바로 그때 누군가가 하인의 팔을 쓱 잡아끄는 것이었습니다. 깜짝 놀란 하인이 뒤를 돌아보자 예닐곱 살 정도 되어 보이는 여자아이가 서 있었습니다.

"왜 그러느냐?"

"우리 할머니는 너무 아파서 거기에 못 가요."

아이는 금방이라도 울음을 터뜨릴 것 같았습니다.

"너희 집이 어디냐?"

하인은 여자아이를 따라 그 집으로 향했습니다. 다 허물어져 가는 초가집 안으로 들어가자 어두운 방 안에 할머니가 힘없이 누워 있었습니다. 며칠을 굶은 탓에 할머니는 눈을 뜰 힘조차 없어 보였습니다. 하인은 곧바로 준비해 간 쌀로 죽을 끓였습니다. 그리고 김이 모락모락 나는 죽을 후후 불어 할머니의 입에 조금씩 흘려 넣어주었습니다. 그렇게 죽 한 그릇을 먹은 할머니는 자리에 앉을 정도로 금세 기운을 되찾았습니다.

"내 평생 이렇게 고마운 사람을 본 적이 없소. 정말 감사하오."

할머니는 하인에게 몇 번이나 고개를 숙이며 감사의 뜻을 전했습니다.

"아닙니다. 이 모든 것은 저희 주인이신 최국선 마님께서 시키신 일입니다."

그러자 할머니는 어린 손녀의 손을 꼭 쥐고 말했습니다.

"너는 평생 동안 그분의 이름을 기억해라. 그리고 감사하는 마음을 잊지 말거라."

"알겠어요, 할머니."

그 모습을 본 하인의 마음속에는 최국선에 대한 존경심이 가득 차올랐습니다. 또 누군가를 돕는 즐거움을 알게 된 것에 감사했습니다.

이처럼 당시 최국선의 곳간에서 나온 곡식을 먹은 이들은 경주뿐만 아니라 포항, 영천, 밀양에 이르기까지 다양한 지역에서 온 사람들이었습니다. 보릿고개인 3월과 4월에는 한 달에 1백 석씩 쌀을 나눠주었습니다. 무려 1만 명이 넘는 사람이 그 쌀을 얻어다 죽을 쑤어 먹었습니다. 덕분에 8백 석이나 들어갈 정도로 커다란 최국선의 곳간은 텅 비어버렸습니다. 하지만 최국선의 마음은 기쁨으로 가득 찼습니다. 빈 곳간은 다시 채울 수 있지만, 사람의 목숨은 다시 살릴 수 없다는 것을 알기 때문이었습니다.

09
빚진 자들에게 희망을 선물해라

최국선의 집은 항상 사람들로 북적거렸습니다. 죽을 먹기 위해 1백 리 길을 걸어온 사람, 몸이 불편한 부모를 위해 곡식을 얻으러 온 사람, 땅을 소작하고 싶어서 부탁하러 온 사람, 돈을 빌리러 온 사람 등 사연도 제각각이었습니다.

어느 날 두 눈이 퀭한 사내 하나가 최국선을 찾아왔습니다.

"어머니가 한 달째 누워계십니다. 약을 지어야 하는데 돈이 없습니다. 저 또한 몸이 불편해 일을 못한 지 오래입니다. 아들로서 아무것도 못해드리고 그저 바라보고 있자니 죽고만 싶습니다."

사내는 최국선 앞에 납작 엎드리더니 흐느껴 울었습니다.

"그러지 말고 일어나시오."

최국선은 사내를 일으켜 세우려고 했습니다. 하지만 사내는 고개를 가로저으며 말했습니다.

"마님 덕분에 굶어 죽지 않고 살았습니다. 그 은혜도 다 못 갚은 주제에 이제는 돈까지 빌려 달라고 왔습니다. 정말 죄송합니다."

사내의 눈물을 본 최국선은 마음이 찢어지는 것 같았습니다.

"너무 걱정 마시오. 내가 돈을 빌려줄 테니 어서 가서 약을 지으시오."

사내는 깜짝 놀라 고개를 들었습니다. 그러다 최국선과 눈이 마주치자 다시 고개를 떨어뜨렸습니다.

"하지만 제게는 담보가 없습니다. 집문서도 땅문서도 없습니다."

최국선은 아무 말 없이 미소만 짓고 있었습니다.

"그러면 돈을 갚겠다는 문서라도 쓰겠습니다."

"됐소. 나중에 돈이 생기면 그때 갚으시오."

최국선은 인자한 표정으로 사내의 어깨를 두드려주었습니다.

"고맙습니다. 이 은혜 평생 잊지 않겠습니다."

사내는 최국선에게서 돈을 받아 들고 약국을 향해 달려갔습니다.

"아버지, 왜 서약 문서를 받지 않으셨습니까?"

이 모습을 지켜보던 아들이 물었습니다.

"어머니를 위하는 지극한 효심이 바로 서약 문서다. 게다가 자신도 몸이 불편해 일을 하지 못한다 하지 않느냐. 저자가 돈을 갚을 마음이 있다면, 일을 해서 돈이 생겼을 때 언제라도 갚을 것이다. 서약 문서가 없어도 말이다."

아들은 아버지의 넓은 마음에 다시 한 번 감동을 받았습니다.

최국선의 집을 찾는 사람은 이뿐만이 아니었습니다. 어느 날은 이웃 마을에 사는 사내가 다급히 최국선을 만나기를 청했습니다.

"무슨 일로 왔는가?"

"이번에 저희 아들을 급하게 결혼시키게 되었습니다. 잔치를 치르려고 보니 돈이 부족합니다. 가을이나 돼야 돈을 마련할 수 있을 텐데……."

"담보는 가지고 왔는가?"

"물론입니다. 여기 땅문서가 있습니다. 가을에 추수하면 곧바로 갚겠습니다."

이웃 마을 사내는 돈을 빌리면서 땅문서를 담보로 내놓았습니다. 사내가 돌아가자 아들이 최국선에게 다가와 물었습니다.

"아버지, 저 사람에게는 왜 곧바로 담보를 받으셨습니까?"

"저 사람처럼 돈을 갚을 능력이 있는 사람에게는 받는 것이 좋다. 그래야 책임감이 생겨서 돈을 갚으려 할 것이다."

"아! 그렇군요!"

"그리고 그런 사람에게 돈을 돌려받으면 가난한 사람들을 계속 도울 수 있단다."

그제야 아들은 아버지의 깊은 속마음을 읽을 수 있었습니다.

시간이 지날수록 최국선의 서궤에는 돈을 빌려주고 받은 담보 문서가 쌓여갔습니다.

"문서가 저리도 많이 모인 것을 보니 살림살이가 정말 힘든 모양이로구나."

최국선은 서궤를 바라보며 길게 한숨을 내쉬었습니다.

"아버지, 요즘 들어 부쩍 피곤해 보이십니다. 오늘은 일찍 쉬시지요."

아들이 걱정스런 표정으로 말했습니다.

"괜찮다. 할 일이 잔뜩 쌓였는데 어찌 편히 누워 쉴 수 있겠느냐."

"농사일이다 집안일이다 신경 쓰시느라 건강을 돌보지 못하시니……. 가난한 이웃을 돌보는 일도 좋지만 아버지 건강부터 챙기셔야 하지 않겠습니까."

"네가 이 아비를 이리 생각해주니 정말 고맙구나."

최국선은 아들의 따뜻한 마음에 절로 미소가 떠올랐습니다. 그러고 보니 아들은 어느새 의젓한 청년으로 자라 있었습니다.

"네 모습을 보니 믿음직스러워 마음이 든든해지는구나. 네가 청년이 되었는데 내가 늙는 것은 당연하지 않느냐. 나이를 먹느라 잠시 힘든 것뿐이니 너무 걱정하지 말거라."

하지만 최국선의 건강은 점점 나빠지기 시작했습니다. 동네에서 이름난 의원도 최국선의 맥을 짚어보고는 고개를 저을 정도였습니다.

"계속해서 밤낮 없이 일하시다가는 큰일 납니다. 절대 안정을 취하셔야 합니다. 그러니 편안히 누워서 지내십시오."

"하지만 나는 아직 할 일이 많소."

"제 말을 안 들으시다가는 영영 못 일어나실 수도 있습니다!"

평소 최국선의 됨됨이를 잘 알고 있던 의원은 일부러 더 무섭게 엄포를 놓았습니다.

"그러면 최대한 빨리 병이 낫도록 잘 살펴주게."

최국선은 고집을 꺾고 당분간은 건강을 되찾는 일에만 신경 쓰기로 했습니다. 하지만 매일같이 바깥일을 돌보던 사람이 방 안에 누워만 있으려니 답답해서 견딜 수가 없었습니다.

'그래도 건강을 되찾아 하려던 일을 하는 것이 나으니 참아야겠다. 그런데 꼼짝없이 누워 지내다 보니 지난 일들이 하나씩 떠오르는구나.'

최국선은 조용히 방 안에 누워 어린 시절부터 하나씩 기억을 되살려보았습니다. 어느 날에는 자기가 잘한 일이 떠올라 웃음이 났습니다. 하지만 어느 날에는 얼굴이 화끈거릴 정도로 잘못한 일이 생각나기도 했습니다.

'흉년이 극심했던 몇 년 전에 소작료를 더 낮춰 받았어야 했다. 그래도 먹고살기 힘들지는 않았을 텐데, 내가 계획을 잘못 세웠던 것 같구나.'

최국선은 자신의 삶을 되돌아보며 반성하는 시간을 가졌습니다. 그리고 깨달은 바를 자식들에게 알리겠다고 마음먹었습니다. 두 번 다시 똑같은 실수를 되풀이하지 않게 하기 위해서 말입니다.

그러던 어느 날 최국선은 맏아들을 방으로 불렀습니다.

"어디 불편하신 데라도 있으십니까?"

"아니다. 오늘 네게 중요한 일을 시키려고 한다."

"그게 무엇입니까?"

"저기 서궤 안에 있는 담보 문서를 모두 꺼내보아라."

맏아들은 이유가 궁금했지만 일단 서궤를 열고 문서를 꺼내왔습니다. 그동안 쌓인 문서가 어찌나 많았던지 서궤를 열자마자 문서들이 밖으로 튕겨져 나올 정도였습니다.

"일단 문서를 종류별로 나누어라."

"어떤 종류로 나눌까요?"

"땅문서나 집문서는 이쪽에 두고, 돈을 주고받은 문서는 저쪽에 모아놓아라."

"알겠습니다."

맏아들은 아버지의 명에 따라 문서를 나누기 시작했습니다. 그러면서 속으로 생각했습니다.

'서궤가 넘치도록 문서가 많아지니 따로 보관하려고 그러시는구나.'

문서가 워낙 많기 때문에 종류별로 나누는 데만도 시간이 한참이나 걸렸습니다. 그동안 최국선은 잔뜩 쌓인 문서를 물끄러미 바라보고 있었습니다.

"다 나누었습니다. 이제 따로 보관할 서궤를 준비할까요?"

"아니다. 너는 지금 나갈 차비를 하여라."

"어디를 다녀올까요?"

그러자 최국선은 땅문서와 집문서를 가리키며 말했습니다.

"저것들의 주인을 찾아 모두 돌려주고 오너라."

"네? 돌려주라니요?"

너무 놀란 나머지 맏아들의 두 눈이 커졌습니다.

"하지만 아버지! 저렇게 많은 문서를 다 돌려주면 손해가 막심하지 않습니까?"

하지만 최국선은 눈도 깜짝하지 않고 다음 말을 이었습니다.

"돈을 빌려준 장부와 돈을 갚겠다고 쓴 문서는 모두 모아서 태워 버려라."

"아버지!"

생각지도 못했던 말을 연달아 들은 아들은 너무 놀라서 입을 다물지 못했습니다. 최국선은 그런 아들의 마음을 알고 있다는 듯 고개를 끄덕이며 말했습니다.

"네가 놀라는 것은 당연하다. 하지만 오랫동안 누워 지내다 보니 깨달은 바가 있다."

"대체 그것이 무엇입니까?"

"나는 사람들이 갖고 있는 마지막 희망까지 빼앗고 싶지는 않다."

"그런 말씀이 어디 있습니까? 아버지 덕분에 얼마나 많은 사람이 은혜를 입었는지 몰라서 하시는 말씀입니까?"

"너는 내게 돈을 빌려간 사람들이 모두 나쁜 사람들이라고 생각하느냐? 그래서 아직까지 돈을 갚지 못한다고 믿느냐?"

"그것은 아닙니다만……."

아버지 최국선이 엄한 목소리로 질문을 퍼붓자 맏아들은 식은땀이 날 지경이었습니다.

"만약 네가 집안의 마지막 재산인 땅문서를 담보로 잡혔다고 생각해보아라. 그런데 네 손에는 동전 한 닢도 없다면 어떻겠느냐? 게다가 자식들은 너무 배가 고파 울 힘도 없다면 어떤 마음이 들 것 같으냐?"

"매우 서글프고 고통스러울 것입니다."

"그런 네게 돈을 갚지 않으면 땅문서를 빼앗겠다고 하면 어떨 것 같으냐?"

"하늘이 무너져 내리는 것 같을 것입니다."

"그 마음을 잘 기억해라."

최국선은 이제 온화한 미소를 지으며 말을 이었습니다.

"얼마나 형편이 딱하면 그럴지 그들의 입장에서 생각해보거라. 돈을 갚을 사람이라면 담보가 없어도 갚을 것이다. 하지만 갚지 못할 사람은 이런 담보가 수십 장 있어도 갚지 못할 것이다. 그런 사람들에게 집과 땅을 빼앗는 것은 마지막 희망을 빼앗는 것과도 같다."

"아버지의 말씀은 맞지만 이걸 모두 태운다는 것은……."

맏아들은 심난한 표정으로 눈앞에 쌓인 담보 문서를 쳐다보았습니다.

"이 아비가 오랫동안 고민한 끝에 내린 결정이니 따르거라."

최국선의 말 속에는 강한 의지가 담겨 있었습니다. 맏아들은 아버지의 말을 더 이상 거역할 수 없음을 깨달았습니다.

"알겠습니다. 아버지의 명대로 하겠습니다."

맏아들은 곧바로 하인을 시켜 화덕에 불을 피우게 했습니다. 최국선도 불편한 몸을 이끌고 나와 화덕 앞에 섰습니다. 화덕 안에 장작불이 활활 타오르기 시작하자 최국선은 아들을 쳐다보았습니다. 맏아들은 두 손 가득 들고 있던 담보 문서를 불 속으로 던져 넣었습니다. 옆에 서서 장작을 집어넣고 있던 하인들이 깜짝 놀라 소리쳤습니다.

"아이고 마님! 그것은 돈을 빌려주고 받은 담보 문서가 아닙니까요!"

"소란 피우지 말거라. 아버지의 뜻이니 조용히 따르는 것이 옳다."

화덕 속으로 던진 문서들은 불에 닿자마자 금세 타버렸습니다. 모아두었던 문서를 모두 태우고 나자 최국선이 맏아들의 어깨를 두드리며 말했습니다.

"수고했다. 이제 나가서 땅문서와 집문서를 나눠주고 오너라."

"네, 다녀오겠습니다."

맏아들은 바랑 안에 땅문서와 집문서를 가득 담은 뒤 집을 나섰습니다. 맏아들과 함께 길을 나선 하인 한 명이 이상하다는 듯 물었습니다.

"마님께서는 어찌하여 그것들을 돌려주시는 겁니까?"

"글쎄, 아버지의 뜻을 나도 다 알지는 못하겠구나."

하인은 여전히 고개를 갸웃거리며 맏아들의 뒤를 따랐습니다.

두 사람은 고개 너머 이웃 마을로 향했습니다. 그리고 지난봄에 돈을 빌린 대신 땅문서를 맡긴 박씨네를 찾아갔습니다. 마당 안으로 들어가니 집주인 박씨는 마루에 힘없이 앉아 먼 산만 바라보고 있었습니다. 인기척을 느낀 박씨는 최 부잣집 맏아들을 알아보고는 깜짝 놀라 자리에서 벌떡 일어섰습니다.

"여기까지 어쩐 일이십니까?"

박씨는 벌벌 떨며 고개를 푹 숙였습니다.

"갚아야 할 날짜가 훨씬 지났다는 건 잘 알고 있습니다. 그런데 당장에 먹을 곡식도 없을 만큼 어렵다 보니……."

그때였습니다. 안방 쪽에서 갓난아기의 울음소리가 들려왔습니다. 그 소리를 들은 박씨는 갑자기 뒤로 돌아서더니 옷소매로 눈물을 닦았습니다.

"안사람이 잘 먹지 못해 젖이 나오지 않습니다. 그래서 저 어린 것이 배고프다 우는 것입니다."

그 모습을 지켜보는 맏아들의 마음도 무거워졌습니다.

"조금만 더 시간을 주시면 꼭 갚도록 하겠습니다."

"무엇을 해서 갚으려고 하시오?"

맏아들이 묻자 당황한 박씨의 얼굴이 빨갛게 달아올랐습니다.

"막일을 하려 해도 일이 없고 몸이 이래서 소작도 구하기 힘드니……. 부쳐먹을 땅이라도 있으면 열심히 일해보고 싶습니다만."

그러고 보니 박씨는 제대로 서 있기도 힘들 만큼 다리가 불편해 보였습니다. 맏아들은 아무 말 없이 박씨에게 땅문서를 건넸습니다.
"이것이 무엇입니까?"
박씨가 어리둥절한 표정으로 문서를 받으며 물었습니다.
"어서 펴보게."
문서를 펴는 박씨의 손이 갑자기 부들부들 떨리기 시작했습니다.
"아이구! 이건 제 땅문서가 아닙니까? 이걸 왜!"
"내 아버지께서 다시 자네에게 돌려주라 하셨네."
"하지만 돈을 갚지 못했지 않습니까?"
"나중에 자네가 돈을 많이 벌게 되면 그때 갚게. 그러려면 이 땅을 열심히 갈고 씨를 뿌려야 할 걸세."
"아무렴요! 그러고말고요!"
어두웠던 박씨의 얼굴이 순간 환하게 밝아졌습니다.
"고맙습니다. 저희 가족을 살려주신 은혜 평생 잊지 않겠습니다."
박씨는 이조리 최 부잣집이 있는 방향으로 넙죽 절을 했습니다. 그의 두 눈에서는 뜨거운 눈물이 흘러내렸습니다. 그 모습을 본 맏아들의 가슴속에는 벅찬 감동과 함께 아버지에 대한 존경심이 솟아올랐습니다.

맏아들은 집으로 돌아오자마자 아버지 최국선을 찾았습니다.

"아버지, 이제야 아버지의 깊은 뜻을 알겠습니다."

"혹시라도 아깝다는 생각이 들지 않더냐?"

최국선이 아들의 얼굴을 빤히 쳐다보며 물었습니다.

"아닙니다. 아버지 덕분에 많은 것을 느끼고 배웠습니다. 저도 아버지를 따라 가난한 이들을 돕고 살겠습니다."

"고맙다. 이제는 죽어도 여한이 없겠구나. 내게 짐 덩어리였던 문서도 없애버렸고, 네게서 그런 말도 들었으니 말이다."

최국선은 오래간만에 껄껄 소리를 내며 웃었습니다.

바깥에서 최국선의 웃음소리를 들은 하인들의 얼굴에도 웃음꽃이 피었습니다.

"세상에 이렇게 훌륭한 분이 또 있을까. 내가 살면서 저런 어른을 모실 수 있었다는 것이 감사할 따름이네."

가족들뿐만 아니라 하인들과 이웃 사람들의 존경을 한 몸에 받은 최국선은 1682년 쉰두 살의 나이로 세상을 떠났습니다. 사람들은 최국선의 집 마당에 모여 통곡하며 그의 죽음을 슬퍼했습니다.

"내 부모가 돌아가신 것처럼 마음이 허전하구나!"

"평생 동안 은수저 한 벌 쓰지 않으셨을 정도로 검소하게 사셨다네. 그러면서도 가난한 이들을 위해서는 수백 석의 곡식을 아끼지 않으셨어."

사람들은 최국선이 실천했던 고귀한 나눔의 의미를 후손에까지 전해주리라 마음속으로 다짐했습니다.

10
하늘이 내린 부자 최의기

　최국선은 아들 셋과 딸 셋을 두었습니다. 자식들은 모두 아버지를 닮아 부지런하고 성실했습니다. 그리고 아버지의 뜻을 지키며 살기 위해 노력했습니다. 만석꾼이었던 아버지가 일군 재산을 잘 꾸려나가려고 세 아들 모두 열심히 일했습니다.

　그런데 웬일인지 최씨 가문에 이어져 오는 재물의 흐름은 맏아들이 아닌 둘째 아들 최의기에게로 향했습니다. 시간이 가면 갈수록 형제들 간의 재산은 차이가 나기 시작했습니다. 정말 이상한 일이었습니다. 똑같이 노력하는 것 같은데도 최의기의 집은 날로 부유해졌고 맏아들과 막내아들의 재산은 항상 제자리걸음이었습니다.

이 모습을 지켜보는 어머니의 속은 까맣게 타들어갔습니다.

'열 손가락 깨물어 안 아픈 손가락이 없다지만 그래도 큰아이가 가장 부유한 것이 나을 텐데. 둘째만 큰 부자가 되는 것은 남들 보기에도 모양새가 좋지 않은데 큰일이로구나.'

어머니는 걱정스런 마음에 맏아들과 막내아들을 불러놓고 말했습니다.

"혹시라도 일하는 데 게으름을 피운 것은 아니냐?"

"절대 그런 일 없습니다. 새벽부터 저녁까지 일하는 것은 저희도 마찬가집니다."

"그렇다면 돈을 헤프게 쓰는 것은 아니냐?"

"그것 역시 아닙니다. 최씨 집안 사람이라면 누구나 근검절약이 몸에 배어 있지 않습니까."

두 아들은 억울하다는 듯 볼멘소리를 했습니다.

"부자는 하늘이 낸다더니 사람의 힘으로는 어쩔 수 없는 모양이로구나."

어머니는 답답한 마음에 자기도 모르게 혼잣말을 했습니다. 그러자 두 아들의 표정이 갑자기 어두워지는 것이었습니다. 어머니는 속으로 아차 싶었지만 한번 뱉은 말을 다시 담을 수는 없었습니다.

"재물 때문에 너희의 우애가 상할까 걱정이 돼서 해본 말이다. 그러니 마음에 담아두지 말거라."

"알겠습니다, 어머니."

두 아들은 어머니를 안심시키기 위해 이렇게 대답했습니다. 하지만 언제부턴가 최의기의 집을 볼 때면 마음이 불편해지는 것은 어쩔 수가 없었습니다. 형제가 잘되는 것은 분명 좋은 일이었습니다. 하지만 똑같이 열심히 일하는데 최의기만 잘되니 좋기만 하지는 않았던 것입니다.

어쩌면 어머니의 말이 맞는지도 몰랐습니다. 최의기가 혼인해서 분가할 때 이상한 일이 일어난 것을 보면 말입니다. 당시에는 자식이 결혼을 하면 부모는 형제에게 공평하게 재산을 나누어주었습니다. 그런데 땅과 곡식, 하인과 옷감처럼 귀중한 재산을 나눌 때는 다툼이 생기지 않도록 신경을 써야 했습니다. 그래서 재산을 나눈 내용을 문서로 작성하고 도장을 찍어 각자 보관했습니다.

분가를 하면서 최의기는 자기 몫으로 벼 스무 가마니를 받았습니다. 벼 가마니로 채워진 자신의 곳간을 바라보는 최의기의 얼굴에는 웃음꽃이 피었습니다.

"그렇게 좋으십니까?"

부인이 미소를 지으며 물었습니다. 그러자 최의기가 쑥스럽게 웃으며 대답했습니다.

"사실 아버지의 곳간은 볏섬이 8백 석이나 들어갈 정도로 컸소. 그에 비하면 내 곳간은 초라하기 그지없소. 하지만 작은 곳간에 꽉 찬 볏섬을 보고 있자니 이상할 정도로 마음이 설레는구려."

"훌륭하신 아버지께 배우셨으니 서방님도 좋은 가장이 되실 겁니다."

최의기와 부인은 서로 마주 보며 미소를 지었습니다.

그날 밤이었습니다. 최의기는 잠을 이룰 수가 없었습니다. 곳간에 가득 찬 볏섬을 생각하니 가슴이 콩닥거려서 잠이 달아나 버렸던 것입니다.

'차라리 나가서 한 번 더 보고 와야겠다.'

최의기는 부인이 깨지 않게 조용히 잠자리에서 일어났습니다.

"밤이 늦었는데 어딜 가십니까?"

잠에서 깬 부인이 묻자 최의기는 애써 태연한 척하며 말했습니다.

"들떠서 그런지 도통 잠이 오질 않는구려. 바람 좀 쐬고 오겠소."

"곳간에 가서 바람을 쐬시려구요?"

부인의 농담에 최의기는 얼굴이 붉어졌습니다.

"허허, 어찌 알았소."

"저랑 함께 가시지요. 실은 저도 너무 좋아서 잠을 이루지 못하고 있었습니다."

달이 휘영청 밝은 밤에 부부는 또다시 곳간으로 향했습니다. 곳간 안으로 들어간 최의기는 사랑스럽다는 듯 볏섬을 어루만졌습니다.

"부인, 우리 집안에서 수확한 벼는 알곡이 꽉 차서 아주 실하다오."

최의기는 부인에게 자랑하고 싶은 마음에 볏섬 하나를 열고 벼를 두 손으로 꽉 움켜쥐었습니다. 그런데 바로 그때였습니다.

"으악!"

최의기가 외마디 비명을 지르며 그 자리에 쓰러졌습니다.

"정신 차리십시오!"

깜짝 놀란 부인이 최의기를 흔들며 소리쳤습니다. 하지만 최의기는 아무런 반응이 없었습니다.

"대체 무슨 일입니까? 저 가마니 속에 무엇이 있기에 그리 놀라셨습니까?"

그때 부인의 눈에 볏섬 속에 들어 있는 이상한 덩어리 하나가 보였습니다.

"저게 뭐지?"

볏섬 옆으로 다가간 부인은 그 물체를 가까이서 보자마자 자리에 털썩 주저앉고 말았습니다.

"구, 구렁이다!"

사내 팔뚝만큼 굵은 구렁이가 볏섬 속에 똬리를 틀고 앉아 있는 것이었습니다. 너무나 놀란 부인은 기절할 지경이었습니다. 게다가 다리가 후들거리는 통에 일어서기조차 힘들었습니다. 하지만 죽을 힘을 다해 정신을 차렸습니다.
　'나까지 정신을 잃으면 안 된다! 어서 사람들을 불러와야겠다.'
　부인은 그 길로 큰집을 향해 내달렸습니다.
　"아버님! 아주버님! 서방님이 쓰러졌습니다! 제발 도와주세요!"
　간신히 큰집에 도착한 부인이 숨을 헐떡이며 소리쳤습니다.
　"의기가 쓰러졌다고?"
　깜짝 놀란 가족들이 맨발로 달려 나왔습니다. 그들은 서둘러 최의

기의 집으로 향했습니다. 집에 도착해보니 최의기는 아직도 곳간 바닥에 쓰러져 있었습니다.

"의기야! 정신을 차리거라!"

아버지 최국선이 최의기를 흔들며 소리쳤습니다. 하지만 눈을 뜰 기색이 없자 최국선이 다급히 말했습니다.

"어서 찬물을 가져오너라!"

하인은 곧바로 찬물을 가져왔습니다. 그러자 최국선은 최의기의 얼굴에 찬물을 확 뿌렸습니다.

"아! 아버지……!"

두 눈을 겨우 뜬 최의기가 최국선을 알아보고 말했습니다.

"이제 됐으니 걱정 말거라. 그런데 대체 무슨 일로 기절을 한 것이냐?"

바로 그때였습니다. 뒤에 서 있던 하인 한 명이 소리를 꽥 찔렀습니다.

"에구머니! 구렁이다!"

화들짝 놀란 최국선은 하인이 가리키는 곳을 보았습니다. 그러자 볏섬에서 기어 나온 구렁이가 똬리를 튼 채로 사람들을 쳐다보고 있는 것이었습니다.

"제가 구렁이를 잡아 없애버리겠습니다!"

건장한 하인 하나가 커다란 몽둥이를 들고 나섰습니다. 그러자 최국선이 다급하게 손을 휘저으며 말했습니다.

"멈춰라!"

"하지만 마님! 가만히 두면 위험합니다."

"모르는 소리! 저 구렁이는 보통 구렁이가 아니다. 저것은 신령스러운 구렁이야."

"그러나 저것이 사람을 해치기라도 하면 어떡합니까?"

"사람들이 놀라 소리를 지르지만 않으면 아무 일도 없다. 지금도 우리를 해치기 위해 덤비는 것이 아니지 않느냐. 게다가 예로부터 볏섬 속에 있는 구렁이는 재물을 상징한다. 그러니 장차 의기는 큰 재물을 모을 것이다."

최국선이 구렁이를 쳐다보며 차분히 말했습니다. 그러자 최의기가 떨리는 목소리로 말했습니다.

"아버지 말씀이 옳다면 저 구렁이를 당장 큰집으로 옮겨야 합니다! 큰 재물은 당연히 큰집에 일어나야 마땅합니다."

그러자 최국선이 단호하게 말했습니다.

"그건 안 된다! 이는 하늘이 정하신 일이니 우리 마음대로 결정하면 안 된다. 저 구렁이는 이 집에서 나왔으니 여기에 있는 것이 옳다."

최의기는 아버지를 설득하고 싶었습니다. 하지만 최국선이 고개를 저으며 말을 막는 바람에 아무런 말도 할 수가 없었습니다. 이제 최국선은 그 자리에 모인 사람들을 둘러보며 엄한 목소리로 말했습니다.

　"오늘 여기서 생긴 일이 절대 밖으로 새나가서는 안 될 것이다. 혹시라도 사람들에게 알려지는 날에는 온갖 미신 때문에 이상한 소문이 떠돌게 될지도 모른다. 나는 우리 가문이 사람들 입에 오르내리는 것을 가만히 두고 볼 수 없다. 누구라도 내 명을 어길 때는 용서치 않겠다."

　"명심하겠습니다!"

　사람들은 모두 고개를 숙이며 약속을 지키겠다고 다짐했습니다. 그런데 사람들에게 큰소리를 치던 최국선의 속마음은 복잡하기만 했습니다.

　'둘째 아들인 의기가 가문의 부를 이어가겠구나. 맏아들이 내 뒤를 이어간다면 좋으련만! 하지만 이 모두 하늘이 정하신 일이니 어쩔 수가 없구나. 형제 간의 우애가 상하지나 말았으면 좋겠다.'

　한편 최의기의 마음도 편치 못했습니다. 잠을 자려고 자리에 누웠지만 도무지 잠을 잘 수가 없었습니다. 결국 그는 자리에서 벌떡 일어나 곧바로 곳간으로 달려갔습니다. 곳간에는 아직도 구렁이가 똬리를 틀고 있었습니다. 최의기는 조심스럽게 구렁이를 가마니에 쓸어 담았습니다.

"구렁아! 너는 내 집에 있기보다는 큰집으로 가야 한다. 그것이 도리에 맞다."

그런데 마치 그 말을 알아듣기라도 한 것처럼 구렁이는 얌전하게 있었습니다. 최의기는 가마니를 지게에 지고 큰집으로 향했습니다. 그리고 아버지 최국선의 큰 곳간에 가마니를 내려놓고 돌아왔습니다. 그제야 최의기는 깊은 잠에 들 수 있었습니다.

다음 날이었습니다. 곳간에 들어간 최의기는 깜짝 놀라지 않을 수 없었습니다. 분명히 어젯밤 큰집 곳간에 가져다 놓은 그 구렁이가 똬리를 틀고 앉아 있는 것이었습니다.

"서방님! 분명 큰집에 가져다 놓지 않으셨습니까?"

"맞소! 그런데 어떻게 저것이 다시 돌아왔을까!"

최의기와 부인은 서로의 얼굴을 쳐다보았습니다. 하지만 구렁이가 다시 집으로 돌아오게 된 비밀을 알 수는 없었습니다.

이후로 최의기의 집에는 날이 갈수록 재물이 쌓였습니다. 최국선의 생각대로 최의기는 두 형제보다 훨씬 더 큰 부자가 되었습니다. 물론 그것이 구렁이 때문인지는 알 수 없었지만 말입니다.

그런데 하늘은 공평했습니다. 최의기는 남들보다 훨씬 많은 재산을 모을 수 있었지만 벼슬길에는 오르지 못했던 것입니다.

'공부를 하지 않은 것도 아닌데, 왜 자꾸 진사 시험에서 떨어지는지 모르겠구나. 집안 어른들을 뵐 낯이 없다.'

최의기는 하늘을 올려다보며 길게 한숨을 내쉬었습니다.

"농사일을 돌보며 공부하시느라 힘들어서 그런 모양입니다. 포기하지 않고 노력하다 보면 좋은 결과가 있을 겁니다."

부인이 최의기를 위로하며 말했습니다.

"하지만 자꾸 떨어지다 보니 자신감이 없어지는구려."

"서방님께서는 이렇게 큰 재산을 일구실 정도로 능력이 훌륭하신 분입니다. 그런데 최선을 다해보지도 않고 포기한다는 것은 옳지 않습니다."

"부인 말이 맞소. 포기하지 않으리다."

최의기는 부인의 격려에 힘입어 더욱 열심히 공부했습니다. 어떤 날은 너무 책에 빠져 있느라 날이 새는 줄도 몰랐습니다. 그런 날이면 코피를 흘리기도 했지만 그래도 기분은 좋았습니다.

'이번에는 좋은 결과가 있을 것 같구나.'

하지만 희한한 일이었습니다. 진사 시험에 또다시 떨어진 것이었습니다. 최의기는 너무나 실망한 나머지 방 밖으로 나올 생각을 하지 않았습니다.

"서방님, 기운을 내십시오."

"더는 위로의 말을 하지 마시오. 나 스스로 너무 창피해서 얼굴을 들 수가 없소."

"제 생각에 하늘은 공평한 것 같습니다."

부인의 말에 최의기가 버럭 화를 내며 말했습니다.

"공평하다니! 몇 날 며칠을 밤을 새워가며 공부를 했지만 시험에 떨어졌소. 그것이 공평하단 말이오?"

"서방님, 그게 아닙니다. 어찌 사람이 모든 복을 다 차지하고 살 수 있겠습니까. 하늘은 이미 우리에게 재물이라는 큰 복을 주셨습니다. 하지만 벼슬이라는 복은 줄 생각이 없는 모양입니다. 더 겸손하게 살라는 가르침이 아닐까요?"

그러고 보니 부인의 말이 맞는 것 같았습니다. 그동안 최의기는 남들 보기에도 이상할 정도로 재물 복이 많았습니다.

"만약 서방님께서 재물에 명예까지 모두 갖게 된다면 사람들의 원망을 사게 될지도 모릅니다."

"오호! 부인의 말이 맞소!"

최의기는 무릎을 탁 치며 미소를 지었습니다.

"그렇지 않아도 내 친척 중에도 내 재물을 시샘하는 사람들이 있소. 그런데 벼슬까지 하게 된다면 그들은 나를 미워하게 될지도 모르오. 그러니 하늘이 주신만큼만 갖고 더는 욕심내지 않고 살겠소."

"잘 생각하셨습니다."

최의기와 부인은 서로 손을 맞잡고 고개를 끄덕였습니다.

잠시 후 최의기는 평범한 옷으로 갈아입고 집을 나섰습니다.

"마님, 어디를 가십니까?"

아까까지만 해도 방 안에 틀어박혀 있던 주인이 집을 나서자 하인이 이상하다는 듯 물었습니다.

"어디긴 어디겠느냐? 논으로 일하러 간다."

복잡한 마음을 훌훌 털어버린 최의기의 발걸음은 한결 더 가벼워 보였습니다.

11
재산은 1만 석 이상 모으지 마라

최의기는 농사일에 빠져 시간이 어떻게 흐르는지도 모르고 살았습니다. 그러던 어느 날, 잠시 휴식을 취하는 것도 좋겠다는 생각이 들었습니다.

"부인, 어느새 내 나이가 쉰 살이 넘었소. 세월이 쏜살같다는 말이 정말 맞구려."

"그동안 너무 일에만 집중해서 사시느라 뒤돌아볼 새가 없으셨지요."

"그래서 잠시 여행을 떠나볼까 하오. 몸과 마음을 추스르고 돌아오겠소."

최의기는 하인 한 명만 데리고 강원도 금강산으로 향했습니다. 그들은 금강산으로 가는 도중 설악산 부근에 위치한 작은 절 하나를 발견했습니다. 그곳은 절이라고 말하기에는 너무나 작았습니다. 그런데 웬일인지 최의기는 작은 데다 가난해 보이기까지 하는 그 절이 무척 마음에 들었습니다.

"여기서 잠시 머물렀다 가자꾸나."

"절이 작아서 불편하지 않으시겠습니까?"

하인이 물었지만 최의기는 이미 절 안으로 들어가고 있었습니다. 마당을 걷던 푸근한 인상의 노스님이 최의기를 보자 반갑게 인사했습니다.

"스님, 여기서 며칠 머물렀다 가고 싶은데 허락해주시겠습니까?"

"물론입니다."

노스님이 웃으며 말했습니다.

"이 절에는 몇 분이나 계십니까?"

"소승과 동자승 한 명, 그리고 절의 살림살이를 돌보아주는 공양주 보살이 살고 있습니다."

생각했던 대로 절의 살림살이는 그리 풍족해 보이지 않았습니다.

"도움이 될지 모르겠습니다만 제가 시주를 좀 하고 싶습니다."

최의기는 하인이 짊어지고 온 쌀과 돈을 내놓았습니다. 조금이리도 절에 도움이 되고 싶은 마음에서였습니다.

최의기는 방에 짐을 푼 뒤 절 주변을 돌아보았습니다. 절 뒤쪽에는 정원이 잘 꾸며져 있었습니다. 특히 그곳에는 신기한 모양의 돌들이 죽 늘어서 있었습니다.

'어디서 이렇게 독특한 돌들을 주워온 걸까? 볼수록 희한하구나.'

정말 정원에 놓인 돌들은 태어나서 처음 보는 모양이 대부분이었습니다. 동물 모양의 돌, 꽃무늬가 그려진 돌, 아이 모양을 한 돌에 글씨가 쓰인 돌까지 매우 다양했습니다.

다음 날 최의기는 돌에 대해 물어보고 싶어서 노스님을 찾았습니다. 하지만 노스님은 자리에 없고 동자승만이 마당을 쓸고 있었습니다. 최의기가 두리번거리는 모습을 본 동자승이 말했습니다.

"스님은 돌을 주우러 가셨습니다."

"돌을요? 멀리 가셨습니까?"

"아닙니다. 금방 돌아오실 겁니다."

"그럼 뒤뜰 정원에 모아놓은 돌들도 노스님께서 주워오신 겁니까?"

"그렇습니다."

"그런데 노스님께서는 왜 돌을 주우십니까?"

최의기가 묻자 동자승이 미소를 지으며 말했습니다.

"스님께서는 돌을 줍는 것도 도를 닦는 방법이라고 하셨습니다."

"도를 닦는 방법이라…….."

동자승은 더 이상 말을 하지 않고 그저 마당을 쓰는 일에만 집중했습니다.

'노스님께 직접 여쭤봐야겠구나.'

최의기는 저녁이 되기를 기다렸습니다. 그리고 저녁 공양을 마친 뒤 노스님의 방으로 찾아갔습니다.

"무슨 일로 나를 찾으셨습니까?"

노스님은 무언가를 한 손에 들고 헝겊으로 부지런히 닦는 중이었습니다.

"그것은 돌입니까?"

"그렇습니다."

"어찌하여 돌을 주워오시는 겁니까?"

그런데 노스님은 이번에는 아무런 답도 하지 않았습니다. 그저 열심히 돌을 털고 닦을 뿐이었습니다.

'스님께서 아무런 말씀도 하지 않으시니 더 궁금해지는구나. 비밀을 알아낼 때까지 스님 뒤를 쫓아다녀 봐야겠다.'

다음 날 새벽부터 최의기는 노스님의 뒤를 따라다녔습니다. 노스님은 뒤뜰로 나가더니 조심스럽게 돌 하나를 골라냈습니다. 그리고 전날 주워왔던 돌을 그 자리에 내려놓았습니다. 노스님은 고개를 끄덕이더니 골라낸 돌을 바랑에 담았습니다. 그 모습을 지켜보던 최의기는 노스님이 왜 그렇게 행동하는지 너무나 궁금했습니다. 하지만 묻고 싶은 마음을 꾹 참으며 계속해서 지켜보기만 했습니다.

며칠 뒤 노스님은 바랑을 메고 절을 나섰습니다. 안에 돌이 들어 있어서인지 바랑은 아래로 축 처져 있었습니다. 이번에도 최의기는 노스님의 뒤를 따랐습니다. 노스님은 최의기가 뒤를 따르는 것을 알고 있었지만 아무런 말도 하지 않았습니다. 두 사람은 설악산 오색암으로 오르는 골짜기에 들어섰습니다.

'오! 이곳에는 돌이 엄청나게 많구나! 그동안 스님께서는 여기에서 돌을 주워오신 게로구나.'

최의기는 주변을 이리저리 둘러보며 감탄했습니다. 그 사이 노스님은 어느 한 곳에 이르더니 발걸음을 멈추었습니다. 그리고는 짊어졌던 바랑에서 돌을 꺼내 땅에 내려놓았습니다.

"그것을 왜 그 자리에 두십니까?"

최의기가 궁금함을 참지 못하고 물었습니다. 그러자 노스님이 미소를 지으며 말했습니다.

"이 돌이 원래 있던 자리입니다. 그래서 제자리에 돌려놓는 것입니다."

최의기는 도무지 이해가 되지 않았습니다.

"스님, 대체 왜 돌을 주워오고 버리기를 반복하시는 겁니까? 제발 알기 쉽게 설명 좀 해주십시오."

최의기가 답답하다는 듯 말했습니다. 노스님은 껄껄 소리 내어 웃었습니다.

"내 안의 욕심을 버리기 위해서입니다."

"욕심이라고요?"

뜻밖의 대답에 최의기는 흠칫 놀랐습니다. 노스님은 걸음을 멈추고 하늘을 한번 올려다보았습니다.

"이곳에 왔을 때 저 돌들이 너무 좋아 하나씩 모으기 시작했습니다. 그런데 어느 날 문득 돌의 개수를 세어보니 1백 8개나 되는 것이었습니다."

"오! 1백 8개나!"

최의기가 깜짝 놀라자 노스님이 슬픈 얼굴로 고개를 끄덕였습니다.

"소승도 마음속 욕심이 그렇게 많이 모일 줄은 꿈에도 몰랐습니다. 그것은 모두 번뇌의 돌이었습니다. 더 많이 갖고 싶다는 욕심과 고민의 돌이었지요."

"하지만 주인이 없이 널려 있는 돌이지 않습니까?"

"아무리 계곡에 널려 있는 돌이라고 해도 내 욕심 때문에 마음대로 가져오는 것은 옳지 않습니다. 게다가 계속 그렇게 하다가는 더 많은 것을 욕심내게 될지도 모릅니다."

노스님은 잠시 말을 멈추고 돌을 남겨두고 온 곳을 바라보았습니다.

"아무튼 그것을 깨달은 이후로는 돌 하나를 모으면 반드시 하나를 버렸습니다. 그렇게 버리다 보니 지금은 개수가 많이 줄었지요."

"제가 세어보니 39개가 남아 있었습니다."

최의기의 말에 노스님이 빙그레 웃었습니다.

"처음보다 많이 줄었군요. 이제 곧 뒤뜰에 돌이 하나도 남지 않게 되는 날이 올 것입니다. 그날이 바로 소승의 마음속에서 욕심이 완전히 사라지는 날이겠지요. 물론 그날이 쉽게 올 것 같지는 않습니다만."

말을 마친 노스님은 다시 앞장서서 걷기 시작했습니다. 최의기는 노스님과의 대화에서 깊은 감동을 받았습니다.

'욕심을 버려야겠구나! 깊은 산속, 이름 없는 절에 사는 노스님도 돌 몇 개에 욕심내는 자신을 반성하고 있지 않는가.'

최의기는 많은 재산을 가진 자신이 더 큰 욕심을 가져서는 안 된다는 것을 깨달았습니다.

'스님이 주워온 돌을 원래 자리에 돌려놓았던 것처럼 나 역시 그래야만 한다. 우리 조상님께서 재산을 가난한 이들을 위해 쓰셨던 것처럼 말이다. 우리 아버지도 담보 문서를 태워버리고 땅문서와 집 문서를 돌려주시지 않았던가! 그 모든 것이 욕심을 버렸기에 가능한 일이었다.'

이런 깨달음을 얻은 후 최의기는 재산을 불리기 위해 노력하지 않았습니다. 그보다 조상님의 뜻에 따라 가난한 이들을 먹이고 입히는 일에 더 신경을 썼습니다.

하루는 자식들을 모두 모아놓고 말했습니다.

"재산은 1만 석 이상 모으지 말거라."

"아버지! 소작인이 많아서 소작료를 모으면 1만 석이 훌쩍 넘습니다."

자식들은 당황한 표정으로 아버지 최의기의 얼굴을 쳐다보았습니다.

"그렇다면 소작료를 낮추어라. 내 땅을 소작하는 사람이 많아질수록 소작인이 내는 소작료는 줄어들 것이다. 그렇게 되면 더 많은 사람이 행복하게 농사를 지을 수 있을 것이다."

자식들은 아버지의 숭고한 뜻을 알아듣고 모두 고개를 끄덕였습니다.

이 소식을 전해 들은 소작인들은 모두 눈시울이 붉어졌습니다. 가난한 이들을 위하는 최의기의 따뜻한 마음이 전해졌기 때문입니다.

"최씨 가문이 왜 그렇게 오랫동안 부자로 살 수 있었는지 아는가?"

"당연히 알지. 욕심을 버리고 베푸는 삶을 살았기 때문이야."

"맞네! 이렇게 많은 사람이 감동 받았는데, 하늘도 감동을 받는 게 당연하지."

　최의기는 살아생전에 진사가 되지는 못했습니다. 하지만 어떤 벼슬 자리에 있는 사람보다 더 큰 존경을 받으며 일흔 살까지 행복하게 살았습니다.

12
향교보다 다섯 자 낮게 집을 지어라

최의기 이후로 몇 대가 지났습니다. 여전히 최씨 집안의 재산은 늘어났고 자손들은 부모에게 지극정성으로 효도했습니다. 이웃 마을에서도 최 부잣집을 칭찬하는 소리가 자자했습니다. 그런데 어찌 된 일인지 후손들도 매번 진사 시험에 떨어지는 것이었습니다.

희한한 일은 그것뿐만이 아니었습니다. 최의기의 장남인 최승렬이 죽은 이후로 4대 동안이나 아들이 귀했습니다. 동생의 외아들을 양자로 들이기도 했지만 그 역시 아들을 낳지 못했던 것입니다.

"거참 이상한 일이지. 어째서 최씨 집안 사람들은 과거를 보는 족족 떨어진단 말인가?"

"그러게 말이네. 제아무리 대단한 부자면 뭐 하나? 대를 이을 아들도 낳지 못하는데!"

"귀신이 씌지 않고서야 어찌 그럴 수가 있을까?"

평소 최 부잣집이 잘되는 것을 시샘하던 사람들은 이렇게 수군거리곤 했습니다. 하지만 모든 사람이 그런 것은 아니었습니다.

"그런 소리 말게. 자네나 우리나 최 부잣집이 아니었으면 모두 이렇게 살아남지도 못했을 걸세. 우리 부모님이 누구 덕에 소작을 부치고 살았나? 누구 덕에 흉년을 거뜬히 넘겼느냔 말일세."

"그동안 겪어보고도 그런 소리가 나오는가? 최 부잣집 마님이 비단옷 입고 다니시는 것을 본 적이 있는가? 마님 밥상에만 좋은 반찬이 오른다는 소리를 들어보기는 했는가?"

이 말을 들은 사람들은 헛기침을 하며 하나 둘씩 자리를 뜨기 시작했습니다.

"은혜를 모르면 사람도 아니야!"

건장한 사내 한 명이 도망치듯 자리를 피하는 사람들 뒤에 대고 소리쳤습니다. 하지만 이후로도 마을에는 최 부잣집을 둘러싼 소문들이 끊이지 않았습니다. 그 대부분은 여전히 벼슬과 자식에 관한 것들이었습니다.

최 부잣집은 최언경의 아들인 최기영 대에 이르러 큰 변화를 맞이했습니다. 조상 대대로 살던 이조리 집을 떠나 다른 장소에 큰 집을 마련하기로 한 것입니다. 최기영이 집터를 옮기기로 한 데는 몇 가지 이유가 있었습니다.

첫 번째 이유는 엄청나게 많은 손님을 맞이하기에 집이 너무 좁았기 때문이었습니다. 손님 대부분은 이조리를 지나가는 나그네들이었습니다.

"우리 마을 사람도 아닌데 나그네를 그만 들이시는 것이 좋지 않겠습니까?"

하루는 나그네가 너무 많이 북적이자 하인 한 명이 이렇게 말했습니다. 그러나 최기영은 이맛살을 찌푸리며 단호하게 말했습니다.

"하룻밤 묵어가기를 청하는 나그네를 야박하게 내쫓으란 말이냐? 그게 우리 집안에서 있을 수 있는 일이더냐?"

이렇게 말하기는 했지만 최기영도 사실은 문제가 심각하다고 생각하는 중이었습니다.

'이제 더 큰 집으로 이사할 때가 되었구나.'

두 번째 이유는 친척들 간의 보이지 않는 시샘에 시달렸기 때문이었습니다. 최의기 때부터 이 집안에만 무서운 속도로 재물이 불어난 것이 원인이었습니다.

어느 날 하인 한 명이 급하게 달려와 최기영을 찾았습니다.

"마님! 어서 나와 보십시오!"

"무슨 일이기에 그리 호들갑이냐?"

최기영이 방 밖으로 나오며 물었습니다.

"언년이 어멈이 장독대에서 기절했습니다."

"그렇다면 찬물이라도 뿌려서 깨워야지, 왜 나한테 달려왔느냐?"

최기영이 이상하다는 듯 물었습니다. 그러자 하인이 두 손을 휘저으며 말했습니다.

"그게 아니라……, 실은 누군가가 장독대에 죽은 고양이를 던져놓았습니다."

"대체 누가 그런 짓을 했단 말이냐?"

하인은 진땀을 흘리며 안절부절못했습니다. 그때 최기영의 아들이 나서서 말했습니다.

"사촌 형님네 사람이 던지는 것을 보았다고 합니다."

"그럴 리가! 그게 사실이냐?"

"네, 아버지. 그뿐만이 아닙니다. 며칠 전에 사촌 형님이 자기네 집 우물을 파겠다고 말한 것을 기억하십니까?"

"그랬었지."

"그런데 지금 보니 담을 넘어 우리 집 마당까지 침범했지 뭡니까."

그때 이야기를 듣던 최기영의 얼굴이 무섭게 변했습니다.

"당장 말을 멈추고 방으로 들어오너라."

아들은 고개를 푹 숙인 채 아버지를 따라 방으로 들어갔습니다.

"한집안 사람들끼리 절대로 싸워서는 안 된다! 너는 내 가르침을 잊었느냐?"

"똑똑히 기억하고 있습니다. 하지만 아버지, 우리만 지킨다고 해서 될 일이 아닙니다. 게다가 이런 일이 처음은 아니지 않습니까?"

"어허! 그래도!"

"저번에 우리 논둑의 물꼬를 막아버린 것도 분명 사촌 형님네 집 사람이었습니다."

"새로 들어온 하인이 일에 서툴러서 실수를 한 것이겠지."

"아닙니다. 그 집에서 10년 넘게 일한 하인입니다."

아들의 말에 최기영은 길게 한숨을 내쉬었습니다.

"이 일을 어떡하면 좋을까!"

"아버지, 이제 때가 된 것 같습니다. 사람들에게 이 일이 알려지면 집안의 망신이 아니고 무엇이겠습니까?"

"그래. 네 말이 옳다. 남들 눈에는 재산 때문에 싸우는 것으로 보일 게 분명하다. 여기서 서로 미워하며 사느니 떨어져서 사는 편이 훨씬 낫겠구나. 다만 형제 간에 우애 있게 살라 하셨던 조상님의 말씀을 지키지 못한 것 같아 마음이 아프구나."

"하지만 조상님들도 아버지의 마음을 아실 겁니다."

두 부자는 서로를 바라보며 고개를 끄덕였습니다.

최 부잣집이 이조리를 떠난다고 하자 마을 사람들은 모두 섭섭함을 감추지 못했습니다. 어떤 이는 눈물을 흘렸고, 어떤 이는 최기영에게 이사 가지 말라며 떼를 쓰기도 했습니다.

'이제 최 부잣집이 없으면 누가 우리를 보살펴줄까.'

사람들은 어려울 때 힘이 되어준 최 부잣집이 얼마나 고마운 존재였는지 새삼 깨달았습니다.

사실 최기영은 재산에 얽힌 문제로 골치를 썩는 것보다 풍류를 즐기며 사는 것을 좋아했습니다. 그는 자연을 좋아해서 언제든지 마음이 내키면 간단한 짐만 꾸려서 여행을 떠나곤 했습니다. 전국의 명승지 중 그의 발길이 닿지 않은 곳이 없을 정도였습니다. 그러다 보니 과거를 보고 벼슬길에 오르는 일에는 별다른 관심이 없었습니다. 게다가 평소 책을 많이 읽고 글쓰기를 좋아했기 때문에 굳이 과거 시험을 볼 필요가 없다고 생각했습니다. 하지만 '진사까지는 하라'는 조상의 가르침을 생각하면 그럴 수만은 없었습니다.

'아버지도 과거에 급제하지 못하셨으니, 나라도 아버지의 체면을

세워드려야 하지 않을까? 재산만 있지 명예가 없다고 수군거리는 사람들에게 본때를 보여줘야 한다.'

최기영은 그날 이후로 열심히 과거 시험 준비를 했습니다. 하지만 그도 여러 차례 시험에 떨어지는 아픔을 겪어야만 했습니다.

그리고 쉰여덟 살이 되던 해에 최기영은 드디어 과거에 급제했습니다.

'이제야 자식 된 도리를 다한 것 같구나. 아버지께서 이 모습을 보셨다면 얼마나 기뻐하셨을까.'

최기영이 진사가 되었다는 소문이 퍼지자 사방에서 축하객들이 몰려들었습니다. 그들을 맞이하느라 최기영의 집은 몇 달 동안이나 잔치를 치러야 했습니다.

그 와중에도 최기영의 머릿속은 집터를 옮기는 생각으로 가득 차 있었습니다. 그는 평소 친하게 지내던 지관에게 좋은 집터를 구해달라고 부탁했습니다.

어느 날 지관이 밝은 얼굴로 최기영을 찾아왔습니다.

"표정이 밝은 것을 보니 좋은 곳을 발견한 모양이구려."

"그렇습니다. 후보지로 세 곳을 추천

해드리겠습니다."

"오호! 세 곳이나? 어서 말해보시오."

"첫 번째는 경기도 수원 팔달산 아래 땅입니다. 두 번째는 경주 읍내의 교리, 세 번째는 경상도 북쪽 영양의 입암입니다. 이 세 곳 중에서 고르시면 될 듯합니다."

"각 지역의 장단점이 무엇인지 말해주겠소?"

"물론입니다. 우선 수원은 한양과 가깝습니다. 또 땅이 기름져서 수확물이 풍부한데다 큰 인물이 날 명당입니다. 경주 읍내의 교리는 특별히 나쁜 것이 없는 무난한 곳입니다. 그리고 물을 관리하기가 좋아 농사짓기에는 그만입니다."

"영양의 입암은 어떻소?"

"태백산 끝자락이 동을 막아주고 소백산 자락이 서를 막아주는 곳입니다. 게다가 가운데로 낙동강 지류가 흐르니 이런 곳을 바로 명당이라고 부르지요. 하지만 주위에 너무 큰 산들이 있어 풍파가 생길 가능성이 큽니다."

최기영은 지관의 말을 한마디라도 놓칠 새라 열심히 귀 기울였습니다.

"이것은 아주 중대한 일이니 며칠 동안 곰곰이 생각해보고 연락하겠소."

"옳으신 생각입니다."

최기영은 어떤 곳으로 집터를 옮겨야 가장 좋을지 신중하게 생각했습니다. 혹시라도 집터를 잘못 옮겨 재산이 줄어들었다거나 건강이 나빠졌다는 말을 들을까 걱정되었기 때문이었습니다.

며칠 뒤 최기영은 지관을 다시 불렀습니다.

"아무리 생각해봐도 수원은 너무 먼 것 같소. 우리 가문은 벼슬에 큰 뜻을 두지 않기 때문에 한양과 가까운 것이 큰 장점이 되지 않소. 영양 입암은 같은 경상도이긴 하지만 여기와 너무 멀기 때문에 논밭을 관리하기가 힘드오."

"그렇다면 경주 교리로 결정하신 거로군요."

"맞소. 당신 생각은 어떻소?"

"저 또한 그렇게 생각하고 있었습니다. 그러면 내일 당장 경주 교리의 집터를 보러 가시지요."

다음 날 날이 밝자마자 최기영은 지관과 함께 경주 교리로 향했습니다.

"저기 반월성을 지나 향교 담을 쭉 따라가 보십시오. 향교의 담이 끝나는 곳이 바로 명당 자리입니다."

지관이 손가락으로 향교 쪽을 가리키며 말했습니다.

"오호, 풍수에 대해 잘 모르는 내가 봐도 좋은 자리인 듯싶소."

최기영은 만족스런 미소를 지으며 말했습니다.

"이 집터는 신라시대 때 요석궁이 있던 자리입니다."

"요석궁이라고 하면 신라 문무왕 때의 문장가이자 원효대사의 아들인 설총이 태어난 곳 아닙니까? 그렇다면 이 집터는 정말 좋은 곳이로군요."

"맞습니다. 다만 집터 앞쪽으로 물이 흘러 명당의 조건은 갖추었지만 집 뒤쪽에 큰 산이 없어 아쉽습니다. 그러나 어디를 가도 풍수적으로 완벽한 땅은 찾기 어려우니 이 정도에서 만족하는 것도 좋겠습니다. 그래도 아쉽다면 집 뒤쪽에 나무를 심는 것도 좋은 방법입니다."

"좋소. 나는 저 앞쪽으로 시원스레 펼쳐진 산이 무척 마음에 드오."

집터를 다 둘러본 최기영은 곧바로 집사를 불렀습니다.

"자네는 지금 당장 경주 교리 집터의 땅주인을 찾아보게. 또 땅값이 얼마인지도 알아보게."

"네, 알겠습니다."

"내가 땅을 사려 한다는 소문이 나서는 절대 안 되네. 그러니 은밀히 일을 추진하게."

"어차피 땅을 사실 건데 그럴 필요가 있을까요?"

"물론이네. 최 부잣집이 이사 온다는 사실이 알려지면 땅을 팔지 않겠다는 사람도 나타날 수 있네. 또 너무 비싼 값을 부르는 사람도 있을 수 있어."

"아! 미처 그 생각은 못했습니다."

"그렇다고 헐값에 땅을 사들일 생각은 전혀 없네. 농민들에게 시세보다 훨씬 후한 값을 쳐줄 것이야."

실제로 최기영은 농민들의 원망이 생기지 않도록 땅값으로 충분한 돈을 치렀습니다. 최 부잣집이 이사 온다는 소식에 관아도 환영했습니다. 당시 관아는 경제적으로 어려운 처지였습니다. 그래서 그 부근에서 제일가는 부자가 이사를 오면 경제적으로 도움을 받을 수 있을 거라 생각했습니다.

최기영이 집터를 옮기는 데 가장 걸림돌이 되는 것은 향교였습니다. 향교의 유림들은 최 부잣집이 향교 바로 옆으로 이사 오는 것을 싫어했습니다.

"이 일은 절대 반대해야 합니다. 세상에서 가장 중요한 법도가 무엇입니까? 바로 유교의 법도가 아닙니까? 그런데 유림의 어른과 상의하지도 않고 이곳으로 이사하겠다는 것은 크게 잘못된 일입니다."

"맞습니다! 아무리 부잣집이라고 해도 감히 고귀한 향교 옆에 기와집을 짓겠다는 생각을 하다니! 절대로 허락해서는 안 됩니다!"

유림들은 인상을 찌푸리며 목소리를 높였습니다.

이 소식을 들은 최기영은 자신이 직접 유림들을 설득하기로 마음먹었습니다. 이때 또 한 사람이 문제를 해결하기 위해 나섰습니다. 그는 바로 경주부를 순시하던 어사였습니다. 유림들이 여전히 반대 의견을 내놓자 어사가 나서서 침착하게 말했습니다.

"여러분의 생각은 충분히 이해합니다. 하지만 최 진사는 정무공 최진립 장군의 후손입니다. 게다가 과거에 급제한 사람이 아닙니까? 보통의 부자들과는 다르게 유교의 법도를 잘 알고 있는 사람이니 이 점을 잘 생각해주십시오."

이때 최기영이 재빨리 앞으로 나서서 말을 이었습니다.

"저는 예의에 어긋나는 일을 할 생각은 조금도 없습니다. 그저 자식들을 향교 가까이에서 훌륭하게 교육시키고 싶은 부모의 마음이라고 생각해주십시오."

어사와 최기영의 말을 연달아 들은 유림들은 고개를 끄덕였습니다. 유림들의 마음이 움직이고 있다고 생각한 어사가 다시 입을 열었습니다.

"향교는 분명 존중되어야 합니다. 하지만 땅주인이 제 땅에 집을 못 짓는다는 것도 말이 되지 않습니다. 그러므로 양쪽에서 조금씩만 양보하면 어떻겠습니까?"

"양보라면 어떤 것을 말하시는 겁니까?"

최기영과 유림들 모두 궁금증이 가득한 얼굴로 어사의 입만 쳐다보고 있었습니다.

"향교가 최 진사의 집과 나란히 서는 것은 있을 수 없는 일입니다. 하지만 최 진사는 집을 지어야 합니다. 그러므로 최 진사는 집을 짓되 집 주춧돌과 기둥을 낮추십시오. 용마루를 향교의 용마루보다 적어도 다섯 자 아래로 낮게 지어야 합니다."

유림들은 깜짝 놀라 서로의 얼굴을 쳐다보았습니다. 그리고 어사의 말을 묵묵히 듣고 있는 최기영을 쳐다보았습니다.

"아무리 이곳에 집을 짓고 싶다 해도 용마루를 다섯 자나 낮추려 하지는 않을 거요."

"맞소. 그런 일은 절대 일어나지 않을 거요."

유림들이 나지막한 목소리로 속삭였습니다.

그런데 그때였습니다. 최기영이 유림들과 어사를 향해 고개를 숙이더니 이렇게 말했습니다.

"감사한 마음으로 그 뜻을 따르겠습니다."

그 자리에 모인 사람은 모두 자신의 귀를 의심했습니다. 최기영의 목소리는 무거운 짐을 벗어 던지기라도 한 듯 가벼웠습니다.

"저 역시 유생입니다. 그러니 향교와 같은 높이에 집을 지을 생각은 조금도 없습니다. 어디서도 향교를 볼 수 있을 만큼 주변의 땅을 깎아 낮추겠습니다. 이렇게라도 제 진심을 알릴 수 있게 되어 기쁘기 그지없습니다."

최기영이 이렇게까지 말하자 유림들은 더 이상 반대할 수가 없었습니다. 최기영은 미소를 지으며 말했습니다.

"제게 좋은 기회를 주셨으니 이 은혜를 잊지 않겠습니다. 앞으로 마을의 어떤 일이라도 최선을 다해 도울 것을 약속드립니다."

"어험, 그런 것을 바라고 허락하는 것은 아니오."

유림들은 헛기침을 하며 고개를 돌렸습니다. 하지만 당시 경주 향교의 경제 상황은 매우 좋지 않았습니다. 학비를 제때 내는 학생들이 거의 없었기 때문입니다. 그렇다고 학비를 내라고 독촉할 수도 없었습니다. 집이 어려워 끼니를 때우는 것도 힘든 학생이 많았기 때문입니다. 이런 상황이라 해마다 여는 향교 행사도 열 수 없었습니다. 향교 소유의 논밭이 있긴 했지만 거기서 나오는 돈만으로는 턱없이 부족했습니다.

"우선 선달그믐까지 곡식 1천 석을 향교 기금으로 내놓겠습니다."

곡식 1천 석이라는 소리에 유림들은 깜짝 놀랐습니다. 하지만 겉으로는 태연한 척 말했습니다.

"최 진사의 뜻이 그렇다면 받아들이겠소."

이렇게 해서 최기영은 향교 옆에 집을 짓기 시작했습니다. 그는 약속했던 대로 향교보다 땅을 낮추기 위해 두 자 정도 깊이 땅을 파게 했습니다. 일꾼들은 무려 3천 평이나 되는 땅을 파야 했습니다. 그리고 대들보를 석 자 정도 낮추어 향교 용마루보다 다섯 자 정도 낮은 상태로 집을 지었습니다.

그런데 이런 방법으로 집을 지은 덕분에 생각지도 못했던

효과를 보게 되었습니다. 최기영은 일단 땅을 파서 나온 흙을 집 뒤쪽에 쌓아올리라고 명령했습니다. 흙의 양이 어마어마하게 많은 탓에 집 뒤쪽에는 작은 언덕이 생겨났습니다. 덕분에 집 뒤로 산이 없어서 아쉬웠던 부분을 보충할 수 있게 되었습니다. 최기영은 새롭게 생겨난 언덕을 흐뭇하게 바라보았습니다.

"저 언덕에 나무를 많이 심어라. 나무도 우리 가문도 튼튼하게 잘 자랄 것이다."

집 공사가 어느 정도 마무리되자 최기영은 일꾼들에게 이렇게 말했습니다.

"나는 이조리 고향집을 매우 사랑한다. 그 집은 나 혼자만의 집이 아니다. 우리 조상들의 삶과 정신이 살아 숨 쉬고 있는 곳이다. 그래서 이조리 본가의 일부를 경주 교리로 옮길 생각이다. 너희는 정성을 다해 작업에 임하도록 하라."

최기영의 명에 따라 일꾼들은 이조리 본가의 일부분을 조심스럽게 해체해 경주 교리에 다시 옮겨 세웠습니다. 이 광경을 본 사람들은 모두 혀를 내두르며 감탄했습니다.

"정말 대단하네. 고향집을 얼마나

사랑하면 저렇게 하겠는가."

"아무렴. 최씨 집안의 전통을 잊지 않으려는 마음 때문이겠지."

땅이 워낙 넓고 집의 규모가 크다 보니 집을 완성하는 데까지 시간이 많이 걸렸습니다. 그동안 최기영은 이조리 집과 경주 교리를 오가며 한가로운 나날을 보냈습니다. 그리고 마침내 89칸짜리 집이 완성되자 집안 식구들과 하인들을 이끌고 경주 교리로 이사했습니다.

13
나그네를 후하게 대접해라

　최기영은 평생 동안 낭만과 풍류를 즐기며 살았습니다. 그래서 나라 곳곳의 재미난 이야기를 전해주는 나그네들과 이야기 나누는 것을 좋아했습니다. 당시 최기영의 집에 머물다 가는 나그네들은 다양한 계층의 사람들이었습니다. 때로는 학문이 깊은 선비도 있었고, 때로는 무예가 뛰어난 무인도 있었습니다. 전국 각지를 돌아다니며 장사를 하는 상인도 있었고, 그저 자연을 벗 삼아 풍류를 즐기는 사람들도 있었습니다. 최기영은 이들을 통해 다른 지방의 문화를 체험할 수 있었습니다. 또 자기가 모르고 있던 새로운 문물이나 지식 등을 배우기도 했습니다. 경상도 지방 출신으로 한양에서 버슬을 하던 사람들 중에도 최기영의 집에 들르는 이들이 있었습니다. 그들은 최기영에게 궁 안에서 일어나는 일들과 한양의 경제 상황을 전해주기도 했습니다.

한편 최기영이 나그네들을 후하게 대접한다는 소문은 이미 널리 퍼져 있었습니다. 그래서 경주 지방을 여행하던 사람들은 일부러 최기영의 집에 머무르곤 했습니다. 특히나 가난한 선비들은 물어물어 최기영의 집을 찾아왔습니다.

"경주 교리에 있는 최 부잣집으로 가면 질 좋은 한지와 화선지에 마음껏 글을 쓸 수 있답니다."

당시 한지의 값은 매우 비쌌습니다. 그래서 가난한 선비들에게는 그림의 떡일 수밖에 없었습니다. 그러니 선비들이 최기영의 집으로 발걸음을 재촉하는 것은 당연한 일이었습니다.

최기영이 1년 동안 손님들을 위해 쓰는 곡식은 1천 석 정도였습니다. 1년에 얻는 1만 석의 소득 중 무려 10분의 1을 쓰는 셈이었습니다. 하루에 1백 명이 넘는 손님을 치르니 그럴 만도 했습니다. 집 안은 항상 많은 사람으로 북적였지만 최기영은 한 가지 원칙만큼은 꼭 지켰습니다.

"어떠한 손님이든 독상으로 대접해라."

그것은 최기영이 자기 집을 찾는 손님에게 예의를 갖추는 방식이었습니다.

그런데 손님의 계층이 워낙 다양하다 보니 반찬까지 똑같을 수는 없었습니다. 그는 일단 손님을 세 부류로 나누었습니다. 가장 높은 부류는 상객이었습니다. 주로 최기영의 친척이나 사돈, 혹은 유명한 가문에서 오는 사람들이 여기에 속했습니다. 이들은 대부분 미리 약속을 하고 왔습니다. 최기영은 상객을 자신의 집 사랑채에서 머무르게 하고 특별 대접했습니다.

두 번째는 중객이었습니다. 최 부잣집과 직접적인 관련은 없지만 대부분 양반집 사람들이었습니다. 이들은 작은집이나 사촌의 사랑채에서 머물렀습니다.

마지막은 하객이었습니다. 이름 없는 선비나 차림새가 초라한 사람들이 여기에 속했습니다. 그들은 대부분 끼니와 잠자리를 해결하기 위해 최기영의 집을 찾는 사람들이었습니다. 하객들은 먼지 최기영의 집 쌀통에서 쌀을 한 줌씩 꺼냈습니다. 그리고 하인들이 사는 초가집으로 갔습니다. 그러면 하인들은 최 부잣집 손님으로 알고 밥을 지어주고 잠자리까지 내주었습니다.

여기에 재미있는 이야기가 하나 있습니다.

"최 부잣집 쌀통에서 공짜로 쌀을 얻어갈 수 있다네."

"그러면 마음대로 가져가도 되지 않을까?"

욕심이 생긴 사람들은 남들보다 더 많은 쌀을 가져가고 싶은 마음에 최 부잣집으로 달려갔습니다. 마당에 놓인 쌀통은 가로세로 석 자에 높이가 넉 자 정도 되는 나무 상자였는데 상자 윗면에 지름이 다섯 치 정도 되는 구멍이 뚫려 있었습니다.

"어서 구멍 안에 손을 넣어보게. 최대한 쌀을 많이 꺼내야 하네."

한 사내가 먼저 상자 안에 두 손을 넣었습니다. 사내는 두 손으로 쌀을 최대한 많이 긁어모았습니다. 그는 한 톨이라도 더 쥐려고 안간힘을 썼습니다. 그런데 막상 손을 빼려고 하자 손이 빠지지 않는 것이었습니다.

"이런! 구멍이 너무 좁아서 손이 빠지지 않아."

사내는 상자 안에 두 손을 집어넣은 채 발만 동동 굴렀습니다. 그때 그 옆을 지나가던 최기영이 혀를 끌끌 차며 말했습니다.

"그리도 욕심이 많아서 어이할꼬!"

그러자 최기영을 알아보지 못한 사내가 버럭 화를 내며 소리쳤습니다.

"댁은 상관하지 마시오!"

"지금 당신 뒤로 길게 늘어선 줄이 보이지 않소? 혼자만 많이 먹겠다고 욕심을 부리는 당신 때문에 많은 사람이 피해를 보고 있소."

최기영이 엄한 목소리로 말하자 사내가 뒤를 돌아보았습니다. 아니나 다를까 사내의 뒤로 자기 차례를 기다리는 사람들이 길게 늘어서 있었습니다. 초라한 행색에 비쩍 마른 나그네들을 본 사내는 얼굴이 빨개졌습니다. 그러자 저도 모르게 손에서 힘이 풀리더니 쌀이 스르르 흘러내리는 것이었습니다. 그제야 사내는 상자 안에서 손을 꺼낼 수 있었습니다.

"한 사람이 한 번씩이오. 그것도 쌀통에서 손을 꺼낼 수 있을 만큼만 가져가야 하오. 배부르게 먹지 못한다고 섭섭해할 것 없소. 각자가 욕심을 버리면 더 많은 사람이 쌀을 가져갈 수 있기 때문이오."

최기영의 말을 들은 사내는 그대로 줄행랑을 쳤습니다. 너무나 창피해서 그 자리에 서 있을 수가 없었기 때문입니다.

14
마을 사람들이 지킨 최 부잣집

최기영 이후로 몇 대가 지났습니다. 최만희의 아들 최현식은 1854년에 태어났습니다. 최현식이 스물여섯 살이 되던 해에 최만희가 세상을 떠나자 최현식이 집안 살림을 도맡았습니다. 그는 최씨 집안 사람답게 가난한 이들을 돕는 일을 게을리 하지 않았습니다. 또 혼자 되신 어머니를 지극정성으로 모셨습니다. 1888년에는 과거 시험에 합격해 진사가 되었습니다. 하지만 늙으신 어머니를 모시지 못하는 것이 늘 마음에 걸려 결국 1893년에 벼슬을 내놓고 고향으로 돌아왔습니다.

그런데 다음 해에 동학혁명이라는 큰 사건이 벌어졌습니다. 동학교도와 농민들이 힘을 합해 대규모 농민운동을 일으킨 것입니다. 때문에 삼남 지방은 큰 난리에 휩싸였습니다.

같은 해 11월, 경주 지방에는 구물천이 이끄는 활빈당이 등장했습니다. 활빈당은 남부 지방에서 주로 활동했는데 그들은 부자들의 재물을 빼앗아 가난한 자들에게 나눠주었습니다. 그리고 스스로를 의적이라고 부르며 으스대기를 좋아했습니다. 그런데 활빈당을 의적이라 부르기에는 그들의 행동이 너무나 폭력적이었습니다. 무리를 지어 돌아다니며 값비싼 물건을 빼앗는 것도 모자라 마을에 불을 지르고 살인까지 했기 때문입니다. 그 과정에 못된 짓을 일삼은 부자들뿐만 아니라 가난하고 죄 없는 백성들까지도 피해를 보기 일쑤였습니다. 때문에 사람들은 활빈당이라는 말만 들어도 부들부들 떨었습니다.

그런 활빈당이 경주로 들어온 것입니다. 경주 지방의 부자들은 모두 짐을 챙겨 도망치기에 바빴습니다.

"아무래도 배가 너무 고파서 미쳐버린 모양이다. 저놈들에게 잡히는 날에는 우리 모두 죽은 목숨이다."

경주 부윤(조선시대 지방 관청인 부府의 우두머리)

민치헌과 이방도 값비싼 재물을 챙겨 어디론가 도망가 버렸습니다.

잠시 후 구물천이 이끄는 1백 여 명의 활빈당이 경주 영문을 점령했습니다. 사방을 둘러봐도 군졸은커녕 개미새끼 한 마리 보이지 않았습니다. 그들은 더욱 의기양양해져서 소리쳤습니다.

"하하하! 겁쟁이들! 자기 죄를 알고 미리 도망친 모양이로구나!"

"어서 곳간을 열어라! 곡식을 모두 꺼내 나눠 가져라!"

활빈당은 관아를 돌아다니며 값나가는 물건들을 모조리 챙겼습니다. 그리고 마침내 관아에 불을 질렀습니다. 그때 사람들 틈에서 누군가가 소리쳤습니다.

"이제 교리에 있는 최 부잣집으로 가자!"

"맞다! 대대로 부자인 그들을 혼내줘야 한다!"

잔뜩 흥분한 사람들은 최 부잣집을 향해 달리기 시작했습니다. 그들은 손에 무기까지 들고 있었습니다. 그 무기들은 관아에서 훔친 것이었습니다. 1백 여 명이 한데 모여 있다 보니 무엇 하나 무서울 것이 없었습니다. 고래고래 소리를 지르는 사람, 큰소리로 노래를 부르는 사람, 부자를 없애고 가난한 사람을 구하자는 구호를 외치는 사람들로 매우 소란스러웠습니다.

그들은 최 부잣집으로 가기 전에 먼저 사마소로 향했습니다. 사마소는 경주 부근에서 진사 급제를 한 양반들이 조금씩 돈을 모아 만든 정자입니다. 그런데 양반들이 돈을 냈다고는 하지만 사실 사마소를 짓는 데 들어간 돈의 대부분은 최 부잣집에서 낸 것이었습니다. 그래서 그곳은 양반들이 모여 글을 읽고 시를 감상하는 장소일 뿐만 아니라 최 부잣집의 서고로도 사용되었습니다. 하지만 활빈당의 눈에 양반들이 모이는 장소가 곱게 보일 리 없었던 것입니다. 그들은 활활 타오르는 횃불을 들고 소리쳤습니다.

"사마소부터 불태워 없애버리자!"

"양반들이 모여 노닥거리는 장소는 아무 소용없다!"

한편 성난 군중들이 몰려오고 있다는 소식을 들은 최현식은 깊은 시름에 잠겼습니다.

'저 많은 사람을 무슨 수로 달래야 하나! 조상 대대로 가난한 이들을 위해 나눔을 실천하며 살았는데, 이제 이대로 무너지고 마는 것인가?'

이런 생각이 들자 최현식은 우울해졌습니다. 하지만 그는 최대한 그들을 이해하려고 애썼습니다.

'오죽하면 그러겠는가. 가난한 이들이 보기에 나누지 않는 부자는 미울 수밖에 없을 것이다. 우리 집안 역시 부자이니 그들 눈에는 똑같아 보였겠지.'

최현식이 이런 생각을 하는 사이 집안의 하인들은 언제 활빈당이 쳐들어올지 몰라 우왕좌왕하고 있었습니다.

"마님, 지금이라도 도망치시는 게 낫지 않을까요?"

하인 한 명이 불안한 표정으로 말했습니다. 그런데 그 말을 듣자마자 최현식은 정신이 번쩍 나는 것 같았습니다.

'내가 당황하니 하인들까지 불안해하는구나. 일단 내 마음부터 진정해야겠다.'

최현식은 깊게 심호흡을 한 뒤 하인들을 돌아보며 말했습니다.

"흥분하지 말고 침착하라! 지금 내가 사마소로 나가볼 테니 너희는 여기서 집을 지키고 있거라."

"알겠습니다!"

평소에 최현식을 존경하고 있던 하인들은 반드시 집을 지켜야겠다고 생각했습니다.

"자네들은 어서 대문을 걸어 잠그게! 이곳에 누구도 침입하지 못하게 막아야 하네!"

집사가 소리치자 하인들은 각자 위치로 재빠르게 움직였습니다.

그런데 최 부잣집을 지켜야겠다고 생각하는 것은 최 부잣집의 하인들만이 아니었습니다. 활빈당이 몰려온다는 소식을 들은 마을 사람들이 걱정스런 표정으로 삼삼오오 모이기 시작했습니다.

"활빈당이 사마소를 불태우고 최 부잣집까지 약탈하려고 한대요."

"어허! 다른 곳은 몰라도 최씨 가문에 그래서는 안 되지."

"이러고 있을 때가 아닙니다. 어서 가서 최 부잣집을 지킵시다."

사람들은 모두 박수를 치며 고개를 끄덕였습니다. 그들은 호미와 낫 같은 농기구들을 들고 최 부잣집을 향해 달려갔습니다. 그리고 최 부잣집 주변을 빙 둘러싼 뒤 활빈당이 오기만을 기다렸습니다.

"우리 아버지가 죽어서도 최 부잣집 은혜를 잊으면 안 된다고 하셨어."

"맞네. 은혜를 모르는 놈은 짐승만도 못하지."

사람들은 낫과 호미를 꽉 움켜쥐며 이를 악물었습니다. 그 순간 저 멀리서 시뻘건 불길이 솟구치고 검은 연기가 자욱하게 피어오르기 시작했습니다.

"사마소가 불타고 있다!"

최 부잣집 하인들과 마을 사람들은 부지런히 물을 길어다 뿌렸습니다.

그런데 사람들이 온통 불 끄는 데만 신경을 쓰는 사이 활빈당 두목은 어느새 최 부잣집 대문 앞에 와 있었습니다. 대문을 지키고 있던 마을 사람들은 활빈당 두목을 보자 오금이 저려왔습니다. 하지만 애써 용기를 내서 앞으로 나서며 소리쳤습니다.

"이곳은 절대 안 되니 돌아가시오!"

"무슨 소리냐? 너도 소작인이면서 부자를 감싸고 도는 것이냐?"

활빈당 두목이 어처구니없다는 표정을 지으며 말했습니다.

"말도 안 되는 소리! 최씨 가문이 어떤 집안인지 정말 몰라서 하는 소리요?"

"부자들이 다 똑같지! 농민들이 열심히 지은 농사를 다 빼앗고 제

배만 채운 사람들이 아니냐?"

활빈당 두목은 잔뜩 인상을 찌푸리며 고함을 질렀습니다.

"만약 비키지 않는다면 너도 살아남지 못할 것이다!"

그때였습니다. 마을 사람들이 우르르 몰려들더니 대문 앞을 두 겹 세 겹으로 에워싸는 것이었습니다.

"여기에 들어가려면 나부터 베고 가시오."

"나부터 베시오!"

"나부터!"

뜻밖의 상황에 활빈당 두목은 잠시 당황한 듯 보였습니다. 하지만 다시 인상을 확 찌푸리며 칼을 빼들었습니다.

"좋다! 그렇게 죽고 싶다면 소원대로 해주마!"

그때 갑자기 지팡이를 짚은 노인 한 명이 활빈당 두목 앞으로 나섰습니다. 노인은 양쪽 모두를 돌아보며 고개를 저었습니다.

"모두들 흥분하지 마시오. 이러다 누가 다치기라도 하면 어떡하려고 그러오?"

"노인네야말로 저리 비키시오!"

활빈당 두목이 잡아먹을 듯이 노인을 노려보며 말했습니다.

"잠시만 내 말 좀 들어보시오. 만약 최 부잣집이 없었다면 여기 있는 사람들 중 절반은 죽고 없었을지도 모르오."

"그게 무슨 소리요?"

"흉년이 들 때마다 이 집 곳간문은 활짝 열려 있었소. 배고픈 사람은 누구라도 와서 죽을 먹을 수 있었소. 게다가 곡식까지 얻어 갔다오. 이 세상 어느 부자가 가난한 사람들을 위해 곳간 문을 열겠소?"

노인이 간절하게 말했습니다. 활빈당 두목은 속으로 놀란 모양이었습니다. 하지만 뒤로 물러서지 않고 소리쳤습니다.

"부자들은 소작인들의 피를 빨아먹고 사는 나쁜 놈들이다. 백성들을 돌봐야 할 관리들조차 가난한 백성들의 편에 서지 않는다. 소위 양반이라는 것들은 모두 도둑놈들이다. 그런데 최 부자만 아니라는 게 말이 되느냐? 너희는 그렇게 빼앗기고서도 아직 정신을 차리지 못한 것이냐?"

활빈당 두목은 두 눈알을 부라리며 사람들을 노려보았습니다. 그러자 마을 사람들은 답답하다는 듯 가슴을 치며 말했습니다.

"제발 우리 말 좀 믿어주시오. 최 부자가 정말 나쁜 사람이었다면 우리가 미쳤다고 여기 서 있겠소? 우리도 당신들 편에 서서 저 대문을 박차고 들어갈 것이오. 하지만 우리는 절대 그럴 수 없소. 사방 1백 리 안에 최 부잣집 덕을 보지 않은 사람이 없기 때문이오."

"맞소! 내가 바로 증인이오!"

"나도 증인이오!"

마을 사람들은 너도나도 손을 번쩍 들어 올렸습니다. 상황이 이렇게 되자 활빈당 두목뿐만 아니라 그 뒤에 서 있던 1백여 명도 혼란스러워졌습니다.

'정말 저 사람들이 하는 말이 사실일까?'

'목숨을 걸고 지키려는 것을 보면 최 부자는 정말 훌륭한 사람인 모양이다.'

활빈당과 마을 사람들 사이에 팽팽한 긴장감이 흘렀습니다. 그때 최현식이 앞으로 나서며 말했습니다.

"집을 불태운다고 무엇이 달라지겠소? 만약 죄가 있다고 생각한다면 차라리 나를 벌하시오. 나 때문에 혹시라도 다른 사람이 다치는 것은 원하지 않소."

최현식이 당당하게 말하자 활빈당 두목은 고민에 빠졌습니다. 그때 생각지도 못했던 일이 벌어졌습니다.

"이게 무슨 냄새지? 고기 냄새가 아닌가?"

"고소한 기름 냄새도 나는구먼."

활빈당이나 마을 사람 모두 갑작스럽게 퍼지는 음식 냄새의 정체가 무엇인지 궁금해졌습니다. 그때 최 부잣집 대문이 활짝 열리더니 집사가 밖으로 나왔습니다.

"모두 안으로 들어오십시오. 저희 마님께서 여러분께 식사 대접을 하라고 명하셨습니다."

그 자리에 모인 사람들은 모두 깜짝 놀랐습니다.

"자기 집을 불태우러 왔는데 식사 대접이라고?"

사람들은 우르르 대문 안으로 들어갔습니다. 정말로 마당 안에는 멍석이 깔려 있고 커다란 상에 음식이 가득 차려져 있었습니다.

"고기와 술을 준비했습니다. 시장하실 텐데 어서 와서 드십시오."

그렇지 않아도 활빈당과 마을 사람 모두 배가 고팠던 참이었습니다. 활빈당 무리는 서로 눈치를 보다가 슬금슬금 상 앞으로 다가갔습니다.

"일단 배나 채우고 봅시다."

"그럽시다. 이렇게 잘 차려진 상을 받아본 게 얼마만이오?"

사람들은 너나 할 것 없이 상 앞에 앉아 맛있게 음식을 먹기 시작했습니다.

"음식은 충분하니 천천히 드십시오."

하인들은 혹시라도 고기가 부족할까 소와 돼지를 잡느라 바빴습니다. 아낙네들은 고소한 부침개를 부치느라 정신이 없었습니다.

활빈당 무리는 게걸스럽게 음식을 먹어 치웠습니다. 한껏 배부르게 먹고 나자 그들은 내려

놓았던 무기를 다시 잡기가 미안해졌습니다.

"마을 사람들 말이 맞았네. 이 집에 피해를 입히는 것은 사람이 할 짓이 못 되네."

"맞아. 잘 먹었으니 조용히 가는 것이 좋을 것 같군."

활빈당 무리는 두목의 눈치를 보았습니다. 잠시 후 두목이 자리에서 일어나 말했습니다.

"오늘은 이쯤에서 돌아가도록 한다."

두목이 앞장서서 대문을 나서자 나머지 무리들이 우르르 집 밖으로 빠져나갔습니다. 서둘러 음식 준비를 하느라 온몸이 땀에 흠뻑 젖은 하인들은 피곤한 줄도 모르고 만세를 불렀습니다. 자신들의 힘으로 집을 지켜낸 것이 너무나 기뻤기 때문입니다. 최현식도 고개를 끄덕이며 하인들과 마을 사람들에게 고마움을 전했습니다. 이렇게 해서 최 부잣집은 활빈당으로부터 안전할 수 있었습니다.

그날 저녁 최현식은 집 뒤 언덕에 올랐습니다. 그리고 눈물이 고인 눈으로 하늘을 올려다보았습니다.

'오늘 그 난리통에 집을 구할 수 있었던 것은 모두 조상님의 은덕 덕분입니다. 가난한 이웃을 내 가족처럼 생각하며 살라 하셨던 조상님의 가르침을 앞으로도 잊지 않겠습니다.'

15
신학문을 향한 최준의 열정

최 부잣집의 마지막 가주는 최현식의 장남인 최준입니다. 그는 최치원 선생의 28대 손이자 정무공 최진립의 11대 손입니다. 1884년에 태어난 최준은 다섯 살 때부터 ≪경서≫와 ≪사기≫, ≪제자백가서≫ 등을 배웠습니다.

어린 최준에게 가장 큰 영향을 준 사람은 할아버지의 사촌형제인 최만선이었습니다. 최만선은 가문을 이어나갈 최준이 우물 안 개구리처럼 살게 될까 걱정이었습니다. 그래서 시간만 나면 최준을 데리고 다니며 문중 어른들을 만나게 해주었습니다. 훌륭한 어른들을 만나 좋은 이야기를 듣고 바르게 자라길 바랐기 때문이었습니다. 최준이 열다섯 살이 되던 해에는 조선시대의 지사인 최익현 선생을 만나러 경기도 포천까지 다녀오기도 했습니다.

이렇게 많은 사람을 만나는 사이 최준의 마음속에는 어떤 욕심 하나가 자리 잡기 시작했습니다.

'신식 학교에서 신학문을 배우고 싶다!'

최준은 자신의 생각을 아버지에게 말하고 싶었습니다. 하지만 아버지가 반대할까 두려워 쉽게 말을 꺼내지 못하고 있었습니다. 최준은 그동안 집안의 맏이로서 아버지의 뜻에 어긋나는 행동을 한 적이 없었습니다. 혹시라도 가문을 욕보이는 짓은 절대 하지 않겠다고 스스로 다짐했기 때문입니다. 그런데 이번 일만큼은 쉽게 포기하고 싶지 않았습니다. 설령 아버지가 반대한다고 해도 말입니다. 며칠 동안 밤을 새워 고민한 끝에 최준은 아버지와 부딪혀보기로 했습니다.

해가 서산으로 넘어갈 무렵, 최준은 아버지 앞에 무릎을 꿇고 앉았습니다.

"아버지, 신식 학교에서 공부하고 싶습니다. 부디 제 청을 들어주십시오."

"신식 학교라고?"

아버지 최현식은 최준을 물끄러미 쳐다보다 길게 한숨을 내쉬었습니다.

"아버지, 지금 세상은 빠르게 변하고 있습니다. 변화에 따라 새로운 학문을 배워야 이 나라에 보탬이 될 수 있습니다."

"하지만 너는 우리 집안의 장손이다. 장손이 가문을 지키지 않고 다른 곳으로 간다는 것은 있을 수 없는 일이다."

아버지 최현식이 엄한 표정으로 딱 잘라 말했습니다.

"어찌하여 장손은 신식 학문을 배워서는 안 된다고 생각하십니까? 지금 생각 있는 젊은이들은 모두 새로운 교육을 받으며 꿈을 키워가고 있습니다. 왜 저만 뒤처지라 말씀하십니까?"

"고향에 남아 집안을 보살피는 것만으로도 이미 훌륭한 사람이 될 자격이 충분하다."

"아닙니다. 저는 더 많은 것을 보고 듣고 싶습니다."

"한양으로 나가서 신식 학문을 배우고 나면 다시 고향으로 돌아올 마음이 없어질 것이다. 그러면 대체 누가 우리 집안을 이끌고 나간단 말이냐?"

최현식은 책상을 탁 내리치며 말했습니다.

"아버지! 저는 반드시 고향으로 돌아올 것입니다. 믿어주십시오."

최준은 간절한 눈빛으로 아버지를 바라보았습니다. 하지만 최현식은 고개를 돌려 아들의 시선을 피했습니다.

"네가 이렇게 욕심이 많은 줄은 몰랐구나. 돌아가거라. 가서 네 마음의 욕심을 툴툴 털어내거라."

　최준이 뭐라 말하려 했지만 최현식은 자리에서 일어나 밖으로 나가버렸습니다. 최준은 순간 눈물이 핑 돌았습니다. 자신의 마음을 몰라주는 아버지가 야속하게 느껴졌기 때문이었습니다. 그리고 그 날만큼은 어깨를 짓누르는 장손이라는 자리가 너무나 싫어 벗어 던지고만 싶었습니다.

　한편 아버지 최현식은 깊은 고민에 빠졌습니다. 혹시라도 아들이 자신의 뜻을 꺾지 않을까 걱정이 되었기 때문입니다.

　'이제껏 내 말이라면 무조건 듣던 아이가 아닌가. 그런데 저렇게 조르는 것을 보니 쉽게 마음을 접을 것 같지 않구나.'

　그러던 어느 날이었습니다. 무거운 마음으로 집 뒤 언덕을 오르던 최현식에게 좋은 생각이 떠올랐습니다.

　'바로 그거다! 그렇게만 하면 준이가 떠나지 않을 게야!'

　며칠 뒤 최현식은 다시 최준과 마주하고 앉았습니다.

　"곧 혼사를 치를 예정이니 준비하도록 해라."

　"혼사라니요?"

　생각지도 못했던 말을 들은 최준의 두 눈이 동그랗게 커졌습니다.

　"풍산 김씨 집안에 좋은 처자가 있다고 하더구나. 심성도 곱고 바르다고 하니 우리 집안 며느리로 들이면 좋을 깃 같다."

"하지만 저는 결혼보다는 공부를 하고 싶습니다."

"모든 일에는 때가 있는 법! 한 집안을 짊어진 장손이 결혼하는 것보다 중요한 일이 어디 있단 말이냐?"

최준은 더 이상 아버지의 말을 거역할 수가 없었습니다. 그의 속마음은 숯처럼 검게 타들어갔습니다.

결국 최준은 풍산 김씨 집안에서 온 처녀와 결혼을 했습니다. 결혼을 하고 나니 부인을 혼자 두고 공부하러 떠나겠다는 말을 하기가 더욱 힘들었습니다. 게다가 자신에게 큰 힘이 되어주었던 최만선까지 세상을 떠나자 최준은 신학문을 배우겠다는 마음을 서서히 접게 되었습니다.

최준이 스무 살이 되던 해의 일입니다. 집안의 하인 몇몇이 주위를 살피며 조심스럽게 움직이고 있었습니다. 그들은 모두 최준이 특별히 믿고 일을 맡기는 사람들이었습니다.

방금 전에 그들은 최준의 엄명을 받았습니다.

"자네들은 지금 가서 작은집 사랑채의 골방을 치우게. 아주 중요한 손님이니 정성을 다해야 하네."

"그렇다면 골방이 아니라 사랑채를 비워야 하지 않겠습니까?"

하인 하나가 이상하다는 듯 물었습니다.

"그럴 만한 이유가 있네. 그러니 아무도 모르게 일을 처리하도록 하게."

"며칠이나 묵으실 건지요?"

"정확히는 알 수 없으나 여러 날이 될 걸세. 내 특별히 자네들에게 이 일을 맡기는 것이니 일을 잘 처리해주게."

"알겠습니다."

최준의 명령에 따라 하인들은 재빠르게 움직였습니다. 최준도 골방 주변을 둘러보며 준비가 부족한 점은 없는지 살펴보았습니다.

다음 날 건장한 체격의 사내 한 명이 골방을 찾았습니다. 사내의 체구는 컸지만 몸놀림은 매우 날렵했습니다. 사내가 골방으로 들어서자 미리 그곳에서 기다리고 있던 최준이 자리에서 벌떡 일어섰습니다.

"신돌석 장군! 반갑습니다."

"최 진사님! 안녕하십니까?"

두 사람은 반갑게 인사하며 손을 맞잡았습니다. 신돌석 장군은 열아홉 살에 의병 1백 명을 이끌고 경상북도 영해에서 항일운동을 한 것으로 유명했습니다. 평민 출신이지만 의지가 강하고 머리가 좋아 의병장으로 활동하고 있었습니다.

"장군님, 의병활동을 시작하신 지도 벌써 8년이 흘렀군요. 정말 대단하십니다."

"당연히 해야 할 일을 할 뿐이지요. 어디 저뿐입니까? 지금 전국 곳곳에서 나라를 사랑하는 청년들이 나라를 구하겠다는 마음 하나로 뭉치고 있습니다. 이 나라에서 일본 놈들을 모조리 몰아낼 때까지 목숨을 걸고 싸울 것입니다."

이렇게 말하는 신돌석 장군의 두 눈은 맹수처럼 빛나고 있었습니다. 최준은 그 모습을 보고 큰 감동을 받았습니다.

'나라를 사랑하는 마음이 정말 대단하구나. 이런 사람과 마주하고 이야기를 하는 것만으로도 크나큰 영광이야.'

신돌석 장군은 며칠 동안 최준의 집에 머무르며 의병활동에 대해 자세히 이야기해주었습니다. 그동안 집안일에만 온 신경을 쓰던 최준은 자신이 우물 안 개구리처럼 느껴졌습니다.

'저 사람은 열아홉 살 때부터 나라를 위해 일해왔다. 그런데 나는 대체 무엇을 하고 있는가? 신학문을 배우고 싶은 꿈도 접었다. 또 나랏일에는 신경도 못 쓰며 살고 있다. 하물며 굶주린 백성들도 농기구를 들고 싸움터로 나간다는데…….'

신돌석 장군이 최준의 집을 떠난 뒤 최준은 자신의 미래에 대해 고민하기 시작했습니다. 이제 그의 마음속에는 큰일을 해내겠다는 강한 열정이 불타오르고 있었습니다.

그런데 그 불에 찬물을 끼얹는 사건이 발생했습니다. 그 사건은 1905년 11월 17일에 일본이 우리나라와 을사조약을 체결한 데서부터 시작됐습니다. 아버지 최현식은 을사조약이 체결되었다는 소식을 듣고 자리에 몸져누워 버렸습니다. 그는 음식을 먹지 않았을 뿐만 아니라 물도 마시지 않았습니다. 나라를 빼앗긴 슬픔이 너무나 컸기 때문이었습니다. 자식들은 혹시라도 아버지의 건강이 나빠질까 안절부절못했습니다.

그해 12월 어느 날이었습니다. 최현식은 자식들을 모두 한자리에 불러 모았습니다.

"이제부터 우리 집안의 모든 일은 장남인 준이가 맡을 것이다."

"하지만 아버지! 저는 이제 겨우 스물두 살밖에 되지 않았습니다. 이렇게 큰 살림을 맡기에는 아직 부족합니다."

최준이 깜짝 놀라 말했습니다. 하지만 최현식은 고개를 저으며 단호하게 말했습니다.

"나이는 중요하지 않다. 그리고 네 나이면 이미 충분하다. 너는 집안의 기둥이다. 너만 믿고 따르는 식솔들을 생각해서라도 집안을 위해 애써다오."

가족들은 모두 최준에게 아버지의 뜻을 받아들여야 한다고 말했습니다. 최준은 얼떨결에 고개를 끄덕였습니다. 하지만 방으로 돌아오자 어쩐지 마음이 불편해졌습니다. 아버지의 진짜 속마음이 무엇인지 알 것 같았기 때문입니다.

'저번에는 결혼으로 내 발목을 잡으시더니, 이번에는 가문을 맡기시는구나. 아버지는 내가 집안을 살피기보다 나라를 위해 뛰쳐나갈까 걱정하셨던 게 분명하다.'

최준의 이런 생각은 맞았습니다. 나라가 일본의 손에 들어가자 최현식은 아들 걱정과 집안 걱정에 잠을 이루지 못한 날이 많았습니다.

'준이는 열정이 매우 많은 아이다. 신학문을 배우겠다는 뜻도 겨우 접어놓게 했다. 그런데 지금 집집마다 젊은이들이 의병으로 일어나고 있다. 만약 누군가가 준이에게 의병으로 나서자고 한다면 저 아이는 분명 그를 따를 것이다. 물론 나라를 지키는 일은 중요하다. 하지만 장손이 사라진 최씨 가문은 생각할 수조차 없다. 그러니 방법은 이것뿐이다. 가문을 맡고 나면 준이는 쉽게 집을 떠나지 못할 것이다.'

결국 최현식의 생각은 맞아떨어졌습니다. 이런 상황에서 최준의 마음속에 피어오르던 열정의 불씨는 잠시 꺼질 수밖에 없었습니다.

16
나라의 독립을 위해 내 것을 아끼지 마라

　1910년, 우리나라는 일본에 국권을 빼앗기고 말았습니다. 한마디로 나라의 주인 된 권리를 모두 잃은 것입니다. 슬픔을 참지 못한 사람들은 땅을 치며 통곡했습니다. 최준의 마음도 찢어지는 것처럼 아팠습니다. 하지만 슬퍼하면서 시간을 보낼 수만은 없었습니다.
　'이제는 나라를 위해 나서야 할 때다. 더는 참을 수 없다.'
　최준은 어금니를 꽉 깨물며 두 주먹을 불끈 쥐었습니다. 그런데 어떤 일부터 시작해야 할지 혼란스러웠습니다. 가장 먼저 집안을 지켜야 하는 의무가 그의 발목을 붙잡고 있었기 때문입니다.
　'집을 떠나지 않으면서 나라에 보탬이 되는 일이 무엇일까?'

마을을 산책하며 고민하던 최준은 갑자기 자리에 우뚝 섰습니다. 그가 발걸음을 멈춘 곳은 바로 향교 앞이었습니다.

'옳거니! 내가 왜 그 생각을 못했을까?'

최준은 곧바로 향교 안으로 들어갔습니다.

"이곳을 제가 빌리고 싶습니다."

"무엇을 하려고 그러시오?"

향교를 지키던 유림이 묻자 최준이 당당하게 말했습니다.

"이곳에 간이 학교를 세워 아이들을 가르치고 싶습니다. 물론 어른들도 상관없습니다."

향교 입장에서도 반대할 이유가 없었습니다. 원래 향교는 지방 교육 기관인데다 최준이 임대료를 두둑하게 내놓았기 때문입니다.

최준은 곧바로 학교를 꾸미고 마을 아이들을 불러 모았습니다.

"아는 것이 힘이다! 배워야 산다!"

아이들에게 글을 가르치면서 최준은 크나큰 보람을 느꼈습니다. 이 아이들이 자라서 나라에 보탬이 될 것이라는 믿음을 갖고 있었기 때문입니다.

하지만 그 기쁨도 잠시였습니다. 정식 학교가 아니라서 운영에 어려움이 많았던 것입니다. 또 나라 전체가 워낙 어수선한 때였기 때문에 학생들이 따를 수 있는 규율을 세우기가 힘들었습니다. 결국 그는 향교에 세운 간이 학교의 문을 닫을 수밖에 없었습니다. 하지만 최준이 자신의 꿈을 전부 접은 것은 아니었습니다.

'나라가 바로 서기 위해서는 교육이 반드시 필요하다. 언젠가는 꼭 정식 학교를 세우고야 말겠다.'

최준은 실패에서 절망을 느끼기보다는 더 큰 희망을 찾았던 것입니다.

어느 날이었습니다. 약속도 없이 최준을 찾아온 사람이 있었습니다.

"무슨 일로 저를 찾아오셨습니까?"

"저는 경남 의령에 사는 안희제입니다."

최준은 자기 앞에 앉아 있는 안희제를 유심히 살펴보았습니다. 안희제는 유난히 두 눈이 밝게 빛나는 사람이었습니다.

"저는 올해 초에 양정의숙을 졸업했습니다."

양정의숙이라는 말에 최준의 귀가 솔깃해졌습니다. 양정의숙은 서울에서 신학문을 가르치는 사립학교였기 때문입니다.

"그곳에서 학문을 배우고 나니 사람들은 제게 관리가 되라고 했습니다. 하지만 내 나라가 없는데 관리가 돼서 무엇하겠습니까?"

안희제는 화가 치밀어 오르는지 이맛살을 잔뜩 찌푸렸습니다. 최준도 그의 심정을 이해할 수 있을 것 같았습니다.

"그렇다고 가만히 앉아 있을 수만은 없었습니다. 그래서 전 재산을 긁어모아 고향 마을에 창남 학교를 세웠습니다."

"학교를 세우시다니! 정말 훌륭합니다."

최준은 안희제가 너무나 부러웠습니다. 자신이 그토록 가고 싶어 했던 길을 앞서서 걷고 있었기 때문입니다.

'안희제! 어쩐지 앞으로 나와 깊은 인연을 맺을 것 같구나. 만약 저 사람이 내게 도움을 청한다면 최선을 다해 도와줘야겠다.'

인상 깊었던 첫 만남 이후 4년이 흘렀습니다. 이번에도 안희제가 최준의 집을 먼저 찾았습니다.

"안 선생, 그동안 어떻게 지내셨습니까?"

"지난 몇 년 동안 만주와 시베리아 지역을 다니면서 수많은 독립운동가를 만났습니다. 그러는 동안 독립운동을 하는 일이 얼마나 힘든지 이 두 눈으로 똑똑히 보았습니다. 최 선생, 지금 독립운동가들에게 가장 필요한 것이 무엇인지 아십니까?"

"그것이 무엇입니까?"

"경제적인 뒷받침입니다. 쉽게 말해 돈이지요. 물론 정신적인 도움도 중요합니다. 그러나 당장에 돈이 없으면 어떻게 독립군을 길러 내겠습니까? 총을 든 일본군에게 호미를 들고 달려들 수는 없지 않습니까?"

안희제는 두 눈을 날카롭게 빛내며 말을 이었습니다.

"그래서 저는 부산 중앙동에 백산상회를 열었습니다."

"짧은 시간에 가장 돈을 많이 벌 수 있기 때문에 상업을 선택하신 거로군요."

최준의 말에 안희제는 고개를 끄덕였습니다. 그리고 주위를 두리번거리더니 목소리를 낮추어 말했습니다.

"상업을 선택한 이유가 또 있습니다. 일단 상점에서 농산물이나 해산물, 면직물 등 다양한 물건을 파는 겁니다. 그러면 여러 사람이 드나들어도 일본 경찰의 의심을 받지 않을 수 있습니다. 즉, 상점을 중심으로 국내외에서 활동하는 독립운동가들과 연락할 수 있다는 말이지요."

"오호! 그렇게 깊은 뜻이 있었군요."

최준이 무릎을 탁 치며 감탄했습니다.

"지금 일본이 우리에게 저지르는 만행을 보십시오. 헌병과 경찰을 풀어서 우리 백성들을 억압하고 있습니다. 독립운동은 물론이요, 여러 사람이 한 자리에 모이는 것도 막고 있습니다. 심지어 교육도

못하게 하니 답답할 노릇이지요."

안희제는 고개를 저으며 한숨을 내쉬었습니다.

"맞습니다. 게다가 토지 조사 사업을 한다며 땅까지 빼앗아가려고 하지 않습니까."

최준도 고개를 끄덕이며 맞장구를 쳤습니다. 안희제는 애써 흥분을 가라앉히며 침착하게 말했습니다.

"이런 상황을 가만히 지켜보고만 있을 수는 없지요. 그래서 상점을 차린 것입니다. 처음에는 고향의 논과 밭 2천 마지기를 판 돈으로 상점을 열었습니다. 때문에 규모가 작았지요. 그런데 그 정도로는 뜻을 이루기에 턱없이 부족하더군요."

안희제는 최준을 똑바로 쳐다보며 힘 있게 말했습니다.

"실은 그래서 최 선생을 찾아온 것입니다. 지금 경남 지방의 자본가들이 이 사업에 많은 관심을 보이고 있습니다. 최 선생도 힘을 보태주십시오."

첫 만남 이후 기회가 생기면 반드시 안희제를 도우리라 생각했던 최준은 흔쾌히 허락했습니다. 이로써 최준은 어려운 나라에 보탬이 되고 싶다는 오랜 바람을 이룰 수 있게 되었습니다.

1919년에 백산상회는 백산무역주식회사로 바뀌었습니다. 경남 지역의 부자들이 힘을 합해 자본금 1백만 원을 마련한 덕분이었습니다. 이로써 백산무역주식회사는 부산에서 가장 큰 회사가 되었습니다. 현재 주식회사의 이사에 해당하는 취체역에 최준이 임명되었습니다. 처음에는 안희제가 계획했던 대로 회사는 많은 돈을 벌어들였습니다. 그래서 서울과 대구, 원산 등 국내 지역과 만주 지역에까지 사무소를 설치할 정도로 사업의 규모를 늘렸습니다. 하지만 회사의 경영 상태는 점점 나빠지기만 했습니다. 돈을 많이 벌어들이기는 했지만, 그보다 훨씬 더 많은 돈을 국내외 독립운동 단체에 쏟아 부었기 때문입니다. 이런 이유로 일본인들에게 의심의 눈초리를 받는 일이 잦아졌습니다. 그러나 그때마다 상업적인 거래일 뿐이라는 증거를 만들어둔 덕분에 일본의 의심을 피해갈 수 있었습니다.

안희제는 여기에서 만족하지 않았습니다. 3·1운동 때는 의령에서 기미독립선언서를 나눠주며 목이 터져라 독립을 외쳤습니다. 또 항상 새로운 사업을 찾아내는 일을 게을리 하지 않았습니다. 물론 좋은 생각이 떠오를 때마다 최준과 의논했습니다.

"최 선생, 장학회를 세워볼까 하는데 어떻게 생각하십니까?"

"교육이야말로 제가 가장 중요하게 생각하는 분야가 아닙니까. 두 말하면 잔소리지요."

"이번 사업도 훌륭히 해봅시다."

"그래야지요. 청년들이야말로 미래에 이 나라를 이끌어갈 원동력이 아닙니까. 일본에게서 주권을 되찾고 힘 있는 나라로 키우기 위해서는 교육이 가장 중요합니다."

두 사람은 서로를 마주 보며 고개를 끄덕였습니다. 이처럼 최준과 안희제는 서로를 믿고 의지하며 어려움을 헤쳐 나갔습니다.

그런데 교육 사업에 관심이 많던 최준에게 영향을 끼친 사람이 또 있었습니다. 그는 최준보다 일곱 살 어린 김성수였습니다. 전라북도 고창에서 태어난 김성수는 창흥의숙에서 신학문을 배웠고 1914년에 일본 와세다 대학 정치학과를 졸업했습니다. 우리나라로 돌아온 후에는 운영이 힘들어진 중앙학교를 인수했고 직접 교장으로 취임하기도 했습니다. 신학문을 배우고 교육 사업을 하고 싶어 하던 최준에게는 부러움의 대상일 수밖에 없었습니다.

어느 날 김성수가 최준을 찾아왔습니다.

"교육 사업에 관심이 많다는 이야기를 들었습니다. 저 역시 그렇습니다. 그런데 사업을 제대로 하기 위해서는 자본이 필요합니다. 도움을 주십시오."

김성수는 각 지방을 돌아다니며 부자들을 설득하는 중이었습니다.

"앞장서서 이끌지는 못하더라도 뒤에서나마 힘이 되어 드리겠습니다."

최준은 최씨 가문의 장손이라는 지위 때문에 직접 나서서 일을 처리할 수는 없었습니다. 하지만 교육 사업을 돕겠다는 약속은 틀림없이 지켰습니다.

 그리고 최준의 삶과 생각을 크게 변화시킨 사람이 또 있었습니다. 최준과 같은 나이로 독립운동 단체인 대한광복회를 조직한 박상진입니다. 박상진은 1915년에 대구에서 대한광복회를 만드는 데 중심역할을 했습니다. 대한광복회는 만주에 사관학교를 세워 독립군을 길러냈습니다. 또 중국과 러시아 등지에서 일본에 대항할 무기를 사들이기도 했습니다. 뿐만 아니라 친일파를 없애는 데도 큰 역할을 담당했습니다. 하지만 철저하게 비밀리에 움직이는 조직이었기 때문에 일본군이 박상진을 잡기는 힘들었습니다.

 '나와 같은 나이에 조국을 위해 목숨을 걸고 싸우는 모습을 보니 절로 고개가 숙여지는구나.'

 최준은 박상진의 활약상을 전해 들을 때마다 가슴이 뛰었습니다. 그리고 자신도 그를 본받아 평생토록 독립운동을 하겠다고 다짐했습니다.

 '내 조상께서는 항상 어려운 이웃에게 베풀고 나눌

줄 알아야 한다고 말씀하셨다. 지금 내 앞에는 쓰러져 가는 조국이 있다. 나라가 있어야 이웃이 있지 않는가. 이제 나는 내 나라를 위해 내 재산 전부를 내놓을 각오가 되어 있다.'

최준은 마음속으로 이렇게 다짐하며 두 주먹을 불끈 쥐었습니다.

그러나 1921년 여름, 최준은 너무나 슬픈 소식을 전해 들었습니다. 어머니의 장례를 치르기 위해 경주 본가로 가던 박상진이 일본군에게 체포되었다는 것이었습니다. 최준은 박상진이 무사히 풀려나기를 바랐지만 끝내 그는 살아서 돌아오지 못했습니다.

'너무나 훌륭하신 분을 잃었다. 이 막막한 심정을 누가 알겠는가!'

최준은 가슴을 치며 깊이 탄식했습니다.

17
무시무시한 고문을 참아낸 최준

신라의 수도였던 경주는 아무 곳이나 파도 유물이 나온다는 말이 있을 정도로 문화재가 풍부한 지방이었습니다. 우리나라를 강제로 합병한 뒤 일본인들은 귀중한 문화유산을 빼돌리려 안간힘을 쓰고 있었습니다. 나라를 위한다면 그들에게 절대로 문화재를 내줘서는 안 되는 일이었습니다. 그런데 당시 경주 지방은 극심한 가뭄에 시달렸고 가뭄은 곧바로 흉년으로 이어졌습니다. 그러자 1919년부터 도굴범들이 등장하기 시작했습니다. 당장 먹고사는 일이 급했기 때문이었습니다. 도굴범들이 훔친 왕관이나 보석 장식들은 고스란히 일본인들의 손으로 들어갔습니다. 일본인들은 우리나라의 문화재가 얼마나 가치 있고 훌륭한지를 잘 알고 있었던 것입니다.

"더 이상 두고 볼 수만은 없습니다. 조상들이 남긴 훌륭한 문화재를 다 빼앗기다니요!"

"일단 경주 지역에 사는 우리라도 힘을 합칩시다. 일본인들에게 뺏기기 전에 우리가 먼저 도굴된 유물들을 사들이자는 말입니다."

최준은 앞장서서 경주 지역 지식인들과 유지들에게 도움을 청했습니다. 다행히 많은 사람이 뜻을 모은 덕에 경주 고적 보전회를 세울 수 있었습니다. 이는 경주 박물관의 전신입니다. 이처럼 최준은 나라를 위하는 일이라면 물불을 가리지 않고 뛰어들었습니다.

그런데 최준에게도 서서히 검은 그림자가 드리우기 시작했습니다. 1921년에 최준은 대구 종로통에 집을 한 채 샀습니다.

"경주에서 완전히 떠나시려고 그러십니까?"

부인이 걱정스런 눈빛으로 물었습니다.

"그게 아니라 대구가 교통이나 통신, 모든 면에서 살기에 편해서 그렇소. 나라 한가운데 있으니 서울이나 부산을 다니기에도 거리가 적당하오."

"하지만 이 식솔들을 다 이끌고 이사하려면……."

부인은 심난한 표정으로 한숨을 쉬었습니다.

"걱정 마시오. 경주의 살림살이를 모두 옮기는 것이 아니니까. 간단한 짐만 가지고 이사하면 되오."

대구로 이사한 지 얼마 되지 않은 날이었습니다. 거칠게 대문을 두드리는 소리가 나는가 싶더니 일본 헌병들이 우르르 들이닥쳤습니다.

"최준은 당장 나와라!"

갑작스런 상황에 가족들은 깜짝 놀라 최준에게 매달렸습니다.

"아버지! 이게 무슨 일입니까?"

"별일 아닐 테니 걱정 말거라."

최준은 최대한 침착한 표정으로 가족들을 안심시켰습니다.

일본 헌병들은 최준을 헌병대 취조실로 끌고 갔습니다. 그리고 무려 열흘 동안이나 매섭게 고문을 해댔습니다.

"상해로 자금을 보낸 것이 너지?"

"나는 아는 바가 전혀 없소!"

똑같은 질문을 수십 번 되풀이해도 최준의 대답은 변함이 없었습니다.

"바보 같은 짓 그만둬라! 우리는 이미 증거를 가지고 있다."

"그 증거가 무엇인지 내게 보여주시오. 내게는 그렇게 큰돈이 없소!"

"웃기지 마라! 너희 집안에 대해서는 우리도 잘 알고 있다. 그 정도의 돈이 없다는 게 말이나 되는 소리냐?"

일본 헌병들은 몽둥이를 들고 최준을 무섭게 위협했습니다. 그러나 최준은 절대 입을 열지 않았습니다. 그렇다고 포기할 일본 헌병들이 아니었습니다. 그들은 최준의 머리를 물통 속에 집어넣기도 하고 손톱을 하나씩 뽑기도 했습니다. 어느 날은 천장에 거꾸로 매달아놓기까지 했습니다. 말로 표현 못할 정도로 혹독한 고문이 이어졌습니다. 최준은 눈을 뜨기조차 힘들 정도로 만신창이가 되었습니다. 하지만 그게 끝이 아니었습니다. 며칠 뒤에는 평양 경찰서에 끌려가 무려 20일 동안이나 고문을 당한 것입니다. 결국 최준은 고통스런 옥살이를 하느라 몸에 큰 병을 얻고 말았습니다.

'내 비록 몸은 망가졌지만 일본의 칼 앞에 굴복하지 않았으니 다행이다.'

그때 갑자기 1년 전에 세상을 떠난 동생 최완이 떠올랐습니다. 순간 최준의 눈에서 뜨거운 눈물이 흘러내렸습니다.

'완아! 형이 지켜주지 못해서 정말 미안하구나.'

최준의 셋째 동생인 최완은 상해 임시 정부에서 일하고 있었습니다. 최완을 잡기 위해 안간힘을 쓰던 일본 경찰은 교활한 술수를 쓰기로 했습니다.

> 아버지께서 위독하시니 어서 집으로 돌아오너라.
> 　　　　　　　　　　사랑하는 형, 최준

　일본군이 최준의 글씨체를 모방해서 최완에게 편지를 보낸 것입니다. 안타깝게도 최완은 편지가 진짜라고 믿어버렸습니다. 결국 집으로 돌아오자마자 일본 경찰의 손에 잡히고 말았습니다. 일본 경찰은 최완을 심하게 고문했습니다.

"상해에서 전달 받은 돈의 출처와 액수를 정확히 대라!"

"나는 하나도 모른다!"

"네 형인 최준에게 받았다는 걸 다 알고 있다. 백산무역주식회사에서 자금을 대주는 것이 아니냐?"

"전혀 모르는 일이다."

　최완은 혹시라도 자기 때문에 사랑하는 가족들과 동료들이 다치게 될까 걱정이 되었습니다. 그는 끝까지 이를 악물고 아무런 말도 하지 않았습니다.

"최준이 모든 것을 다 자백했다. 이제 고집 피워봤자 너만 손해다. 만약 네가 모든 것을 밝힌다면 조용히 너를 풀어줄 수도 있다."

이제 일본 경찰들은 최완을 설득하기 시작했습니다. 육체적인 고문으로는 도무지 입을 열지 않았기 때문이었습니다. 하지만 최완은 두 눈을 질끈 감았습니다.

'내가 존경하고 자랑스러워하는 형님이 그러셨을 리 없다. 저놈들이 또다시 거짓말을 하는구나. 여기서 말 한마디라도 잘못하는 날에는 형님이 무사하지 못한다.'

결국 최완은 끔찍한 고문의 고통을 이겨내지 못하고 서른다섯 살이라는 젊은 나이에 눈을 감고 말았습니다. 사랑하는 동생의 죽음은 두고두고 형 최준의 가슴에 깊은 상처로 남았습니다.

훗날 나라에서는 그의 고귀한 정신을 높이 사 독립 유공자로 지정하고 최준과 함께 '건국 훈장 애족상'을 내려주었습니다.

18
빚을 떠안은 최 부잣집

한편 시간이 갈수록 백산무역주식회사는 운영이 점점 힘들어졌습니다. 사업이 잘되지 않아 돈은 벌지 못하는데 독립 자금은 계속 보내야만 했기 때문입니다. 지역의 유지들이 돈을 모으는 데도 한계가 있었습니다. 일본 경찰이 돈을 내놓은 사람들의 뒤를 쫓아다니며 조사를 시작했기 때문입니다. 그러자 처음에는 후원을 해줬던 사람들도 하나 둘씩 등을 돌렸습니다.

"최 선생, 미안하오. 이제 더 이상은 돕기가 힘들 것 같소. 내 가족을 위험에 빠뜨리면서까지 이 일을 계속하기는 어렵소."

최준은 이렇게 말하는 이들의 심정을 누구보다 잘 알고 있었습니다. 자신 또한 그런 고민이 없었던 것은 아니었기 때문입니다.

"아닙니다. 그동안 도와주신 것만으로도 얼마나 고마운지 모릅니다."

하지만 사람들을 만나고 돌아오는 최준의 어깨는 축 늘어질 수밖에 없었습니다. 어찌나 고민을 했던지 얼굴이 검게 변할 지경이었습니다.

'이제 어쩔 수 없구나. 손해가 너무 크지만 사업을 접을 수밖에 방법이 없다.'

결국 백산무역주식회사는 1927년에 문을 닫았고 회사가 갚지 못한 1백 10만 원의 빚은 최준이 고스란히 떠안게 되었습니다.

최준이 운영하던 회사가 망하고 그가 빚더미에 앉았다는 소문은 금세 퍼져나갔습니다.

"이제 최 부잣집도 망했구나!"

"하늘도 무심하시지! 대대로 좋은 일을 많이 한 집안인데!"

"힘없는 나라 탓이지 누굴 탓하겠나."

사람들은 혀를 끌끌 차며 안타까워했습니다.

고종의 다섯째 아들인 의친왕도 이 소식을 전해 들었습니다. 그는 백성들에게 훌륭한 일을 해온 최씨 집안이 그렇게 무너지는 것을 원치 않았습니다. 그래서 식산 은행의 총재인 아리가를 만났습니다.

"최준이 돈을 갚지 못해 압류까지 당했다는 말을 들었습니다."

"의친왕께서 그런 일까지 신경을 쓰십니까?"

아리가가 이상하다는 듯 물었습니다.

"돈을 갚지 못하면 집이라도 내놓아야겠지요. 하지만 그렇게 독촉하다가는 일본 은행이 백성들의 미움을 사게 될 겁니다. 또 총독부까지 덩달아 미움을 받게 될지도 모릅니다."

"최씨 집안이 그렇게 대단합니까?"

"대대로 최씨 집안에서는 마을에 굶어 죽는 사람이 없게 하려고 곳간 문을 활짝 열었습니다. 백성들이 그를 존경할 수밖에 없는 이유지요. 그런데 농업밖에 모르던 사람이 괜히 무역 일을 시작했다 실패한 모양입니다. 아무래도 경험이 부족했기 때문일 겁니다."

"제가 알기로는 땅이 많다고 하던데, 소작료를 올려 받으면 될 게 아닙니까?"

아리가는 도저히 이해할 수 없다는 표정이었습니다. 그러자 의친왕이 미소를 지으며 말했습니다.

"보통 사람들은 누구나 그렇게 생각하지요. 하지만 최씨 집안에서는 조상 대대로 소작료를 수확물의 절반만 받고 있습니다. 그러니 조상들이 하셨던 약속을 깨지는 못할 것입니다. 그럴 생각도 없을 테고요."

그제야 아리가는 고개를 끄덕였습니다. 그리고 의친왕이 자신에게 이 이야기를 하는 진짜 이유가 무엇인지 곰곰이 생각해보았습니다.

'대체 어떻게 하는 것이 우리에게 유리할까? 만약 대출금을 빨리 받기 위해서 최준의 담보를 모두 처분한다면? 그러면 조선인들의 미움을 사게 될 게 분명하다. 또 대출금도 모두 받지 못하게 된다. 차라리 시간을 조금 더 주는 편이 나을 것 같다.'

그러던 어느 날이었습니다. 최준은 아리가로부터 서울로 올라와 달라는 연락을 받았습니다.

"대체 무슨 일로 저를 부르셨습니까?"

최준은 비록 빚을 진 상태였지만 아리가 앞에서도 당당함을 잃지 않으려 애썼습니다. 아리가는 최준의 눈빛이 살아 있는 것을 느꼈습니다.

"바로 말씀드리지요. 지금 우리 은행에 진 빚이 얼마인지 아시지요?"

"80만 원입니다."

"대단히 큰돈이지요. 그렇지 않습니까? 보통 사람들은 평생 동안 만져보기도 힘들 정도지요."

"알고 있습니다. 어떻게 해서든지 갚을 테니……."

최준은 곧바로 돈을 던져주고 그 자리를 뛰쳐나가고만 싶었습니다. 하지만 그렇게 어마어마한 돈을 갚을 능력이 당장에는 없었습니다. 최준은 속이 부글부글 끓었지만 심호흡을 하며 마음을 가라앉혔습니다.

"아! 돈을 갚으라고 최 선생을 부른 것이 아닙니다."

"그럼 무엇 때문에 부르셨습니까?"

"총 80만 원 중 40만 원의 빚을 없애드리지요."

"네?"

뜻밖의 말에 깜짝 놀란 최준은 어안이 벙벙해졌습니다. 아리가는 빙그레 웃으며 말을 이었습니다.

"나머지 빚 40만 원은 어떻게 하느냐! 그건 여유를 충분히 드릴 테니 천천히 갚도록 하십시오."

몇 초 안 되는 짧은 시간 동안 최준의 머릿속에는 수많은 생각이 뒤엉켰습니다.

'대체 저자의 의도는 무엇일까? 나를 속이려는 것일까? 다른 정보를 알아내기 위한 술수일까?'

그런데 마치 최준의 생각을 읽기라도 한 것처럼 아리가가 말했습니다.

"다른 뜻은 없습니다. 듣자 하니 최 부잣집에 대한 평이 아주 좋더군요. 어느 나라에서든지 그처럼 올바른 생각을 가진 부자들은 꼭 필요한 법이지요. 하지만 진정한 나눔을 실천하는 사람은 찾아보기 힘듭니다. 그런 면에서 나는 최 선생의 집안에 큰 감동을 받았습니다. 아주 훌륭한 조상님들 덕분에 빚을 탕감 받으신 거라고 생각하시면 됩니다."

아리가는 턱을 매만지며 미소를 지었습니다.

'저자는 지금 우리 조상을 들먹이며 나를 이용하려 하는구나. 이 일을 어떻게 하면 좋단 말인가!'

최준은 속이 새까맣게 타들어가는 것 같았습니다.

"나머지 빚은 일단 10년 동안 거치하는 걸로 합시다. 그 후에는 10년 동안 연리 2푼 5리로 나눠서 갚으십시오."

그것은 매우 파격적인 조건이었습니다. 순간 최준의 마음은 크게 흔들렸습니다. 그는 속으로 아버지를 애타게 불렀습니다.

'아버지! 무엇이 옳은 길입니까? 모든 것을 다 빼앗기고 힘없이 살아가는 것이 낫습니까? 아니면 잠시 동안의 굴욕을 참고 다시 딛고 설 발판을 마련하는 것이 낫습니까?'

고민 끝에 최준은 일단 아리가의 제안을 받아들이기로 했습니다. 누군가는 그런 최준을 손가락질할지도 모르지만 그 스스로가 떳떳한 이상 최준은 꾹 참기로 결심했습니다. 그렇게 해서라도 다시 일어설픈 힘을 찾는 것이 낫다고 판단했기 때문입니다.

최준은 서둘러 아리가의 사무실을 나서려고 자리에서 일어났습니다. 그러자 아리가가 편지 봉투 하나와 보자기에 싼 상자를 내밀었습니다.

"집에 가서 풀어보십시오. 도움이 될 겁니다."

집으로 돌아간 최준은 방문을 꼭 걸어 닫은 뒤 보자기를 풀었습니다. 놀랍게도 상자 안에는 10원짜리 지폐 3천 장, 즉 3만 원이라는 거금이 들어 있었습니다. 순간 최준은 온몸의 피가 거꾸로 솟는 것 같았습니다.

> 이 돈으로 급한 일부터 처리하십시오.

편지를 든 최준의 손이 부르르 떨렸습니다.

'이자가 나를 가지고 장난질을 하는구나! 이 돈을 받으면 그동안 내가 해왔던 일은 모두 헛된 것이 되고 말 것이다. 재산을 모두 털어 독립 자금을 댄 사람이 일본인의 돈을 받게 되다니!'

최준은 자신의 가슴을 거세게 내리쳤습니다.

'차라리 그 자리에서 모든 것을 거절하고 돌아올 것을! 나와 내 집안의 명예에 먹칠을 하게 되었으니 이 일을 어이할꼬!'

하지만 어쩔 수 없는 일이었습니다. 동생 최완의 죽음이, 이름 없는 의병들의 희생이, 만주 벌판을 달리는 독립운동가들의 노력이 헛되지 않게 하기 위해서는 최준이 다시 일어서는 것이 중요했습니다. 나라의 독립을 찾을 때까지 그들을 후원해줄 사람이 필요하기 때문이었습니다. 최준은 입술을 깨물며 굳게 다짐했습니다.

'오늘의 굴욕을 평생토록 잊지 않겠다. 언젠가는 이 굴욕을 되갚아줄 날이 있을 것이다.'

19
마지막으로 자신의 뜻을 펼치다

1945년 8월 15일, 우리나라는 드디어 독립의 기쁨을 맞이했습니다. 최준은 죽을 때까지 그날의 감동을 잊을 수가 없었습니다.

"대한 독립 만세! 일본이 항복했다!"

거리마다 태극기가 넘쳐났습니다. 사람들의 기쁨에 찬 함성이 담장 너머로 울려 퍼졌습니다. 최준은 그 소리를 들으며 가만히 눈을 감았습니다. 그러자 농사를 업으로 삼는 집안의 장손에서 무역업에 종사하는 사업가로 변신했던 지난날이 떠올랐습니다. 오로지 독립운동에 보탬이 되고 싶어 위험한 고비를 숱하게 넘겨왔던 자기 자신이 대견하게 느껴지기도 했습니다.

이제 최준의 앞을 가로막을 것은 더 이상 없었습니다. 그는 평생 동안 꿈꿔왔던 일을 해내리라 마음먹었습니다. 그것은 바로 교육 사업이었습니다. 하지만 혼자 힘으로는 힘들었기 때문에 지역의 유지들을 만나 후원을 요청했습니다.

"여러분! 독립한 이 나라에 가장 중요한 것이 무엇이겠습니까? 그것은 바로 이 나라를 올바로 이끌어줄 훌륭한 인재입니다. 그런 인재가 하늘에서 뚝 떨어지겠습니까? 교육이 없으면 인재도 없습니다. 우리의 자손들이 제대로 된 교육을 받게 우리가 도와야 합니다."

그 자리에 모인 사람들은 모두 고개를 끄덕이며 최준의 말에 동의했습니다.

"구체적인 방안을 말해보십시오. 우리가 어떻게 하기를 바라십니까?"

나이가 지긋한 사내가 묻자 최준이 기다렸다는 듯 대답했습니다.

"우리 경북 지역에 종합 대학을 세워야 합니다. 올바른 고등교육을 받을 수 있는 환경이 마련되어야 합니다. 생각해보십시오. 일제 시대에 우리 학생들이 얼마나 잘못된 식민화 교육을 받았는지 말입니다. 이제 그들에게 제대로 된 교육을 제공할 때가 되었습니다."

사람들에게 자신의 뜻을 전하는 동안 최준은 하늘을 날 것 같은 기분이 들었습니다. 광복된 나라에서 교육 사업을 펼치자고 소리 높이는 것이 꿈만 같았기 때문입니다. 그 순간만큼은 자신이 세상에서 가장 행복한 사람인 것 같은 느낌이었습니다. 게다가 모임에 참석한 사람 모두가 그의 뜻에 찬성하자 행복감은 더했습니다.

최준이 한참 대학 설립을 준비하던 어느 날이었습니다. 총기 있게 생긴 청년 한 명이 최준을 찾아왔습니다.

"안녕하십니까? 저는 김구 선생님께서 보낸 사람입니다."

"김구 선생님이라고요?"

최준은 너무 놀란 나머지 정신이 멍해졌습니다.

"김구 선생님께서 꼭 뵙고 싶다는 말씀을 전하라고 하셨습니다. 가능하시겠습니까?"

"물론이지요. 지금이라도 당장 달려가서 선생님을 뵙고 싶은 마음입니다."

최준의 말에 청년은 빙그레 웃었습니다. 그리고 머리를 긁적이며 말했습니다.

"평소 최 선생님의 이야기를 많이 전해 들었습니다. 훌륭한 일을 많이 하셨더군요. 정말 존경합니다."

청년은 공손하게 허리를 숙여 최준에게 인사했습니다. 순간 최준은 마음이 울컥하며 눈물이 핑 돌았습니다. 난생처음 보는 청년에게서 존경한다는 말을 듣는 기쁨은 상상할 수 없을 정도로 컸습니다.

'그동안 내가 헛산 것은 아니었구나.'

다음 날 최준은 김구 선생을 만나기 위해 서울로 향했습니다.

'내 나이 벌써 예순을 넘겼는데도 김구 선생을 만날 생각을 하니 가슴이 이리도 빨리 뛰는구나.'

김구 선생은 서울 종로구의 경교장에 머무르고 있었습니다. 경교장은 김구 선생의 개인 저택을 부르는 이름입니다. 최준이 방 안으로 들어서자 김구 선생이 환하게 웃으며 그의 손을 덥석 잡았습니다.

"최 선생! 정말 뵙고 싶었소."

"저 역시 그렇습니다. 선생님과 이렇게 마주할 수 있는 날이 오다니 기쁘기 그지없습니다."

두 사람은 감격에 겨워 맞잡은 손을 놓지 못했습니다.

"최 선생, 선생께서 자금을 보내주지 않았다면 임시 정부의 운영에 큰 어려움이 있었을 것입니다. 고맙습니다."

"당연한 일을 했을 뿐입니다. 선생님이야말로 타국에서 고생이 많으셨지요."

"심한 고문을 당했다는 이야기는 전해 들었습니다. 건강은 어떠십니까?"

"많이 좋아졌습니다."

최준은 쑥스럽게 웃으며 김구 선생을 바라보았습니다.

'나보다 여덟 살이 많으신 데도 훨씬 젊게 느껴지는구나. 마음속에 빛나는 열정을 품고 계시기 때문이리라.'

김구 선생은 서랍에서 두꺼운 공책 한 권을 꺼냈습니다.

"최 선생, 이것을 좀 보십시오."

영문도 모른 채 공책을 받아서 펼쳐본 최준은 온몸에 전기가 흐르는 것 같았습니다. 그것은 바로 상해 임시 정부에 자금을 보내준 사람들의 이름과 금액이 적힌 장부였습니다.

"이렇게 많은 분의 지원이 있었기에 임시 정부가 활동할 수 있었습니다."

최준은 장부를 한 장씩 넘겨보았습니다. 그러다 자신의 이름과 보낸 돈의 액수가 적혀 있는 것을 발견했습니다. 순간 최준은 마음이 울컥해졌습니다.

김구 선생은 온화한 미소를 지으며 말했습니다.

"혹시 정치를 해볼 생각은 없으십니까?"

최준은 손사래를 치며 고개를 저었습니다.

"전혀 없습니다. 제 관심은 오로지 교육에 있습니다."

"오호! 정말 훌륭하십니다. 교육이야말로 국가의 기본이 되는 사업이지요."

김구 선생은 환하게 웃으며 고개를 끄덕였습니다.

"지금 종합 대학교를 설립하려고 준비 중에 있습니다. 많은 분이 도움을 주시어 잘될 것 같습니다."

"혹시라도 제 도움이 필요하다면 언제든지 연락하십시오. 최선을 다해 도와드리겠습니다."

"말씀만으로도 큰 힘이 됩니다. 감사합니다."

최준은 김구 선생이라는 든든한 지원군을 얻은 것 같아 날아갈 듯 기뻤습니다.

1947년, 최준은 여러 사람의 도움을 받아 대구에 대구대학교를 세웠습니다. 그는 학교에 현금 40만 원과 도서 1만여 권을 기증했습니다. 그 안에는 국보급 도서들도 포함되어 있었습니다. 최준은 학생들에게 도움이 되기만 한다면 자신의 것을 다 내놓는다 해도 아깝지 않다고 생각했습니다. 또 도서관을 가득 채운 책들을 보자 가슴이 벅차올랐습니다. 이 책들을 가지고 공부할 학생들의 모습이 떠올랐기 때문입니다.

하지만 눈물겨운 감동도 잠시였습니다. 계속해서 일어나는 나라 안의 복잡한 상황들 때문에 대학교를 운영하기 힘들어진 것입니다. 무엇보다 재정적인 어려움이 가장 컸습니다. 최준은 가슴이 찢어질 듯 아팠습니다. 하지만 이번에도 자기의 욕심보다는 더 큰 뜻을 위해 한발 뒤로 물러서기로 했습니다.

그는 당시 대구에서 가장 부자로 손꼽히던 이병철을 찾아갔습니다.

"나라의 미래를 위해 우리 대학교를 잘 키워주십시오."

이병철에게 대구대학교를 넘겨주는 최준의 마음은 복잡하기만 했습니다. 아직 너무 어린 자식을 품에서 떠나보내는 부모처럼 섭섭하기 그지없었습니다.

얼마 지나지 않아 대구대학교는 청구대학교와 통합되어 영남대학교로 다시 태어났습니다. 영남대학교에서 잠시 동안 이사직을 맡았던 최준은 여든네 살에 모든 것을 뒤로하고 자리에서 물러났습니다.

세계 어느 나라에서도 3백 년 동안 대대로 나눔의 정신을 실천해 온 가문을 찾기는 쉽지 않습니다. 하지만 최 부잣집의 숭고한 정신은 3백 년이라는 긴 시간 동안 변치 않고 이어져 왔습니다. 그 시간 동안 얼마나 많은 사람이 최 부잣집 덕분에 배고픔을 이겨냈는지 정확히 알 수는 없습니다. 그보다 중요한 것은 헤아릴 수 없이 많은 사람이 최 부잣집 덕분에 희망을 갖게 되었다는 점입니다. 곡식을 얻어간 사람은 물론이요, 땅문서를 되찾은 사람, 소작료를 적게 낸 사람, 독립 자금을 받은 사람에 대학에서 교육을 받은 사람까지……. 나눔은 기쁨을 만들고 기쁨은 희망을 낳았습니다.
　이제 지금의 우리가 그 희망을 배워야 합니다. 나눔의 정신을 실천해온 최 부잣집의 아름다운 삶으로부터 말입니다.

물건이 아니라 마음이 중요해

그날 밤이었습니다. 엄마는 조용히 방에서 나와 화장실로 향했습니다. 그런데 민주 방에서 밝은 빛이 새어 나오는 것이었습니다.

'얘가 불을 켜놓고 자나?'

불을 끄려고 민주의 방에 들어간 엄마는 흠칫 놀랐습니다. 민주 방이 잔뜩 어지럽혀져 있었기 때문입니다.

"너 지금 뭐하니? 방은 또 왜 이래?"

갑작스런 엄마의 등장에 민주도 놀란 모양이었습니다.

"아무것도 아니에요!"

민주는 종이가방 안으로 무엇인가를 재빨리 감추었습니다.

"아무것도 아니긴!"

엄마는 민주가 숨기려 애쓰는 종이 가방을 빼앗았습니다.

"아니, 이건!"

그렇습니다. 가방 안에는 아침에 엄마가 빼놓았던 옷이 담겨 있었습니다. 그뿐만이 아니었습니다. 옷장 안에 있던 다른 옷들뿐만 아니라 더 이상 가지고 놀지 않는 인형까지 그 안에 있었던 것입니다.

"민주야, 이걸 왜 여기에 넣었니?"

그러자 민주는 쑥스러운 듯 머리를 긁적이며 말했습니다.

"동생들 주면 좋을 것 같아서요. 이제 나한테는 필요 없잖아요."

"어머, 우리 딸이 너무나 기특한 생각을 했구나. 근데 갑자기 생각을 바꾼 이유가 뭐야?"

민주는 말없이 책상 위를 가리켰습니다. 책상 위에는 할아버지에게서 받은 책이 놓여 있었습니다.

"아까 최 부잣집 이야기를 읽고 나니 어쩐지 창피해졌어요."

"왜?"

"최 부잣집 사람들은 어려운 이웃을 도우려고 전 재산을 내놓았잖아요. 근데 난 쓰지도 않는 물건을 주는 것도 싫어서 떼를 썼어요.

난 나쁜 아인가 봐요."

민주는 속이 상한지 풀 죽은 목소리로 말했습니다.

"아니야. 아이들은 누구나 자기 물건에 욕심을 갖고 있단다. 그걸 나쁘다고 할 수는 없어. 중요한 건 힘들지만 네가 그 욕심을 버렸다는 거야. 넌 지금 아끼는 물건들을 얼굴도 모르는 동생들에게 주겠다고 내놓았잖니."

"하지만 모두 쓰던 물건이잖아요."

엄마는 온화한 미소를 지으며 민주의 머리를 쓰다듬었습니다.

"그건 중요하지 않아. 이 물건들 안에 담긴 네 마음이 중요하지."

"정말요?"

"당연하지! 엄마가 오늘 큰 실수를 할 뻔했구나. 만약 아침에 엄마 마음대로 옷을 가지고 갔더라면 넌 나눔의 의미를 깨닫지 못했을 거야."

"이게 다 할아버지 덕분이에요."

엄마는 민주가 싸놓은 물건들을 쳐다보며 물었습니다.

"섭섭하니?"

"아니요! 이상하게 기분이 좋은걸요? 그리고 이제부턴 옷을 깨끗하게 입을래요."

엄마와 민주는 서로를 바라보며 밝게 웃었습니다.